Desafios de Mudar

MARIO MAS

Desafios de
Mudar

Você pode melhorar sua vida!

Desafios de mudar

Copyright© Intelítera Editora

Editores: *Luiz Saegusa e Cláudia Z. Saegusa*
Capa: *Casa de Ideias*
Projeto gráfico e diagramação: *Casa de Ideias*
Fotografia de Capa: *Shutterstock - Copyright: Tithi Luadthong*
Revisão: *Rosemarie Giudilli*
3ª Edição: *2019*
Impressão: *Graphium Gráfica*

Rua Lucrécia Maciel, 39 - Vila Guarani - CEP 04314-130 - São Paulo - SP
11 2369-5377 - www.intelitera.com.br

Dados Internacionais de Catalogação na Publicação (CIP)
(Câmara Brasileira do Livro, SP, Brasil)

Gonçalves Filho, Mario Mas
    Desafios de mudar / Mario Mas Gonçalves Filho.
- - 1. ed. -- São Paulo : Intelítera Editora, 2016.

Bibliografia.

1. Autoconhecimento 2. Espiritismo 3. Reflexão I. Título.

16-07645   CDD-133.9

Índices para catálogo sistemático:
1. Reflexões : Espiritismo   133.9

ISBN: 978-85-63808-71-4

PREFÁCIO

Conheci o Mario por meio de um artigo de sua autoria na RIE - Revista Internacional de Espiritismo. Quando ele se apresentou para fazer um programa na Rádio Boa Nova, foi uma boa novidade. Então pensei: Será que falaria tão bem quanto escreveu?

Desta forma, começou o *Programa Desafios e Soluções* e, tem bem uns quinze anos, que ele vem falando, analisando e elucidando, muito bem e de forma convincente e segura. E assim é, e continua sendo porque o Mario é um psicólogo estudioso, pesquisador e elabora anotações como ninguém.

Conclusão - o sentimento é que estamos ouvindo análises, avaliações e orientações seguras, de qualidade, e sem rodeios, com muito respeito, mas sem fazer concessões "simpáticas" ou "agradáveis" - é sincero.

Não se coloca como dono da verdade, mas fala o que sabe e sente o que sabe.

O tempo passou e até esqueci que o Mario escreveu um dia. Até que um dia... numa sexta-feira... ele chegou com uma outra boa novidade... e disse: "Estou escrevendo um livro."

Lembrei-me daquele artigo da RIE, lá no passado, o quanto gostei... depois de tanto tempo... será ?... Que Desafio!!!

Para quem acompanha o programa de Rádio já sabe - desafios é com o Mario e soluções também.

E agora escreve melhor. Escreve o que fala. E o que fala pode escrever.

Ao ler este livro, você estará em contato com um conteúdo de altíssima qualidade, vai conferir e poder usufruir daquelas anotações preciosas do Mario e constatar a verdade e a qualidade delas, aliadas aos desdobramentos que acrescenta, darão a você condições de decidir melhor.

Sim, porque estamos aqui nesta reencarnação para nos libertar, como recomendou Jesus. E na transição que estamos vivendo só se liberta quem muda para melhor.

Esse momento de nossas almas, muitas vezes, se nos parece inalcançável por nos faltar a visualização de como pelo menos começar.

No livro *Desafios de Mudar*, o Mario coloca em suas mãos, de forma gradual e ampla, profundas verdades como ferramentas poderosas para você romper a ignorância e dissipar a sombra. Orienta como manejá-las.

Através da arquitetura do conhecimento das principais escolas de psicologia que o Mario vai construindo e destacando pontos brilhantes da série psicológica de Joanna de Ângelis, com isso, você avançará na melhor compreensão de si mesmo.

Agora, para terminar só uma pergunta: – Você quer mudar?

Lembre-se, até Jesus perguntava: – Você quer ser curado? E por que? Dentro das Leis Morais da Vida, o livre-arbítrio é sagrado e a vontade é soberana. Se você quer - você pode.

Encoraje-se, decida-se e mude… enquanto é Tempo. Porque, senão… resumindo… nesses Tempos da Transição Planetária, o desafio é: MUDE OU MUDE-SE.

Jether Jacomini Filho
Diretor de Programação da Rede Boa Nova de Rádio.

"Não vives a soldo de ninguém e o teu é o trabalho de iluminação de consciências, de desenvolvimento intelecto-moral, de fraternidade e de amor em nome de Jesus, não te encontrando sob o comando de quem quer que seja. Em razão disso, faculta-te a liberdade de agir e de pensar conforme te aprouver, sem solicitar licença ou permissão, de outrem."

Joanna de Ângelis
Liberta-te do Mal

"Quando o Espírito é encaminhado à reencarnação traz, em forma de 'matrizes' vigorosas no perispírito, o de que necessita para a evolução. Imprimem-se, então, tais fulcros nos tecidos em formação da estrutura material de que se utilizará para as provações e expiações necessárias. Se se volta para o bem e adquire títulos de valor moral, desarticula os condicionamentos que lhe são impostos para o sofrimento e restabelece a harmonia nos centros psicossomáticos, que passam, então, a gerar novas vibrações aglutinantes de equilíbrio, a se fixarem no corpo físico em forma de saúde, de paz, de júbilo. Se, todavia, por indiferença ou por prazer, jornadeia na frivolidade ou se encontra adormecido na indolência, no momento próprio desperta automaticamente o mecanismo de advertência, desorganizando-lhe a saúde e surgindo, por sintonia psíquica, em consequência do desajustamento molecular no corpo físico, as condições favoráveis a que os germens-vacina que se encontram no organismo proliferem, dando lugar às enfermidades desta ou daquela natureza."

Manoel Philomeno de Miranda
Grilhões Partidos

Sumário

Parte I – Desafios e soluções

1. Vencer pequenas barreiras 13
2. Oportunidades 22
3. Programação reencarnatória 28
4. Potenciais desconhecidos 36
5. Nossa evolução 41
6. Hábitos 46
7. Aprender a amar 51
8. Mudanças 59
9. Psicoterapia especial 64
10. Sentimentos elevados 69
11. Satisfação com tudo 73
12. Solidão ou solidariedade? 76
13. Você atrai o que em sua vida? 80
14. Mundo patológico 84
15. Amar tudo que se faz 90
16. Terapia da reencarnação 95
17. Certeza em Deus 101
18. Servir é o caminho 105
19. Profecia autorrealizadora 109
20. Agradecer ao bem e ao mal? 113

Parte II – Atitudes terapêuticas

21. Você é um ser humano! 119
22. Angústia 121
23. Complexo de inferioridade 123
24. Conduta diária 126
25. Atitude de confiança 129
26. Conflitos 131
27. Depressão 133
28. Limites e dificuldades 139
29. Identificar qualidades e erros 142
30. Não ser amado 145
31. Raiva 148
32. Saúde psicológica 150
33. Visualizações saudáveis 153
34. Terapia do perdão 156

Parte III – Obsessão espiritual

35. Abertura para a obsessão espiritual 161
36. Obsessão e complexo de inferioridade 163
37. Obsessão e conflitos 166
38. Obsessão e depressão 170
39. Obsessão e infelicidade 172
40. Obsessão e suicídio 176
41. Auto-obsessão 179
42. Obsessão e caráter mórbido 181
43. Renovação 183

Parte I

Desafios e soluções

Em 12 de junho de 1998, iniciei meu trabalho na Rádio Boa Nova de Guarulhos, apresentando o programa *Desafios e Soluções*. Antes de iniciar, apresentei ao Jether Jacomini, que foi muito acolhedor, um projeto do assunto que seria abordado no programa e propus abordar temas de Espiritismo e Psicologia.

A proposta seria estudar autores espirituais: André Luiz, Joanna de Ângelis, Manoel P. de Miranda, Emmanuel, e, obviamente, com base em Allan Kardec. A diretriz do estudo seria a série psicológica de Joanna de Ângelis, que na época estava lançando o seu livro "Vida: Desafios e Soluções". Jether, então, aproveitou o nome do livro e o meu interesse nas obras de cunho psicológico da referida autora para sugerir o nome do programa: *Desafios e Soluções*, e assim é desde então.

O meu objetivo, nesta primeira parte do texto, visa ao desenvolvimento de temas a partir de fragmentos das obras de Joanna de Ângelis, procedimento similar ao elaborado no programa de rádio. Trata-se de conteúdos que abordam diferentes ângulos do comportamento, mas que levam ao final à confluência, ao alinhavo de conjecturas, de âmbito espiritual e psicológico.

Capítulo 1

Vencer pequenas barreiras

Vivemos em uma sociedade materialista, competitiva, consumista, em que são passados valores que para "chegar lá", se autorrealizar temos de ser vencedores; empatar ou perder é vexatório. Independentemente do contexto socioeconômico, da doença, das restrições diversas, nós nos obrigamos à vitória, capricho do ego que não alcança as reais necessidades do Espírito.

Os altos e baixos do humor nos acomete por vários motivos: indisposição orgânica, irritação, problema social, falta de sono... Nesse estado, de baixo astral ou de indisposição, ficamos fragilizados, inseguros, achamos os problemas difíceis demais de ser solucionados. Quando aparecem os desafios: negociar o aluguel, conseguir uma bolsa de estudo, decidir fazer uma cirurgia, definir se fica ou não no emprego, nós nos sentimos sem forças para enfrentá-los, pois não aceitamos a irrealização e, então, nos classificamos de fracassados.

Já os outros, nós superestimamos considerando-os corajosos o suficiente para encarar qualquer problema que apareça, menos nós. Assim, nos julgamos covardes,

14 DESAFIOS DE MUDAR

deficientes, incompetentes... Quanto mais negativa for nossa autoavaliação, mais para baixo ficamos, gerando conflitos que afetam a lucidez, a memória, as emoções e o corpo.

Quanto mais desprovidos de recursos psíquicos: autoconfiança, discernimento, vontade, esperança, fé, mais críticos nos tornamos e menos acertos efetuamos. Em alguns casos, a falta de coragem deriva de algo mais grave – um trauma ou um bloqueio pessoal, mas isso não significa que devamos ficar assim até o final da vida. Todos nós passamos por situações difíceis, complicadas, perturbadoras, mas também encorajadoras, alegres... Precisamos enxergar a finalidade dessas experiências que é desenvolver nossos potenciais. Há pessoas que ficam mais machucadas, outras se recuperam logo e seguem adiante. Portanto, não deixemos o trauma ou o bloqueio nos paralisar. Ao drenarmos a toxicidade do mal-estar, recobramos os recursos pessoais e enxergamos com mais lucidez. Importante é tirar uma lição de cada situação e sair engrandecido com o que foi aprendido, não problematizando a experiência. Aliás, é o que propõe Joanna de Ângelis:[1] "A coragem de viver deve ser treinada continuamente, vencendo as pequenas barreiras da timidez, dos receios de fracassos, dos complexos de inferioridade, das doenças reais ou imaginárias, fortalecendo o ânimo em cada triunfo e reconsiderando a ação em cada insucesso."

É muito importante atentar para a recomendação da Benfeitora no sentido de *treinar* continuamente a coragem. A coragem não é um dom gratuito dado a um pri-

---

1 Divaldo FRANCO, *Jesus e atualidade*, p. 58.

Vencer pequenas barreiras 15

vilegiado, é uma qualidade conquistada dentro do processo evolutivo. Uns têm mais outros menos, segundo seus esforços.

Uma pessoa truculenta, que briga com todo mundo, aparenta ser muito corajosa, mas na verdade é agressiva e defensiva, pois a coragem é uma virtude que se desvincula da violência. São sinônimos de coragem:[2]

• Destemor: ânimo, arrojo, bravura, brio, denodo, desassombro, intrepidez, ousadia.
• Determinação: decisão, firmeza, perseverança, tenacidade.
• Hombridade: dignidade, grandeza, nobreza.

Com estes sinônimos em mente, pedimos licença para inseri-los no texto da Benfeitora para bem mais entendermos sua proposta. Então, *coragem de viver* é ser destemido, arrojado, determinado, digno. Não é ficar com o pé atrás, tíbio, indeciso, assustado com o mundo. Quanto mais fugirmos dos enfrentamentos, mais fracos ficaremos, nossas forças ficam subdesenvolvidas, passamos a acreditar que somos incapazes, sem valor.

Na Terra, estamos suscetíveis a acertos e erros, a quedas e voos, a dores e alegrias. Se ficarmos caídos no meio do caminho lamentando, a vida não vai mudar, a coragem não vai aparecer. É preciso levantar, limpar o joelho e seguir adiante.

A coragem de viver não é fazer as coisas impulsivamente, atropelar os outros, desrespeitar as leis, mas sim agir com determinação, ética e amor. A Lei de Causa e Efeito vige em

---

2   *Dicionário sinônimos e antônimos Houaiss.*

Desafios de mudar

nossa vida, por essa razão os prejuízos causados a outrem e à sociedade reverberam em nossa vida.

No texto de Joanna de Ângelis, são elencados a timidez, os receios de fracasso, os complexos de inferioridade, as doenças reais ou imaginárias, entendidas como pequenas barreiras a serem enfrentadas com coragem. Abordemos cada uma delas:

Timidez

No livro *Amor, Imbatível Amor*, Joanna de Ângelis apresenta alguns fatores que levam a timidez, de forma reduzida são eles:

- Superproteção
- Conflito de vida passada
- Impedimento de autenticidade
- Desenvolvimento incompleto da libido
- Relacionamento insatisfatório com a família

A pessoa tímida tem vergonha de se expor, pois se acha observada o tempo todo, e considera que os outros se saem melhor que ela. Como diz Joanna de Ângelis:[3] "A timidez é terrível algoz, por aprisionar a espontaneidade, que impede o paciente de viver em liberdade, de exteriorizar-se de maneira natural, de enfrentar dificuldades com harmonia interna…" Para essa pessoa o mundo é ameaçador e difícil. Uma pessoa saudável diante de situações novas, inesperadas, pode sentir receios naturais. O contato com uma pessoa desconhecida ou de prestígio pode gerar certa ansiedade. Mas, "…quando se caracteriza como um

---

3   Divaldo FRANCO, *Amor, imbatível amor*, p. 168.

temor quase exagerado ante circunstâncias imprevistas, produzindo sudorese, palpitação cardíaca, colapso periférico das extremidades, torna-se patológica..."[4] De alguma forma, vivências infelizes deixam marcas tais quais a timidez, dificultando a expressão natural do tímido e sua espontaneidade no meio social. Que fazer? Se mexer, ou seja, buscar saídas para voltar a interagir saudavelmente com o mundo. Faça uma autoanálise, perceba se você é muito crítico consigo mesmo e só enxerga o lado negativo. Lembre-se que você é uma pessoa igual às demais neste planeta, tem os mesmos direitos e deveres, e por isso merece respeito.

Receios de fracasso

Considerando que ainda não somos perfeitos, é natural que tenhamos êxitos e fracassos na trajetória evolutiva, assim vamos desenvolvendo nossos potenciais. Quando temos experiência em alguma área é esperado que apresentemos a nossa habilidade, do mesmo modo também apresentamos dificuldade em lidar com situações para as quais possuímos menos treinamento. Nada de anormal!

Ao demonstrarmos dificuldades em certo assunto, o ideal é investir mais estudo e prática a fim de dominá-lo. Um funcionário, por exemplo, que recebe uma promoção, em uma área que ainda não domina, precisa de tempo de adaptação, treinamentos específicos para somente depois desse período ser cobrado em performance e resultados.

---

4   Divaldo FRANCO, *Amor, imbatível amor*, p. 167.

18   Desafios de mudar

As pessoas perfeccionistas, melindrosas e neuróticas têm um grau de exigência muito grande consigo mesmas. Ficam paralisadas quando não conseguem êxito, como se fosse uma obrigação, ou como se fosse algo muito vergonhoso não saber. Parece que a pessoa perde sua identidade.

A pessoa que tem conflitos paralisantes precisa de ajuda a fim de abandonar suas fixações e prosseguir. Os empecilhos internos e externos vêm e vão, assim, não podemos perder tempo indefinidamente com eles, pois precisamos avançar. Por isso, a coragem nos mobiliza para superar esses empecilhos e alcançar outros horizontes.

Complexo de inferioridade

A Doutrina Espírita ensina que somos Espíritos Imortais e, embora iguais em essência, somos diferentes nas experiências. Uns mais adiantados outros menos. Então, por que uma pessoa possui complexo ou sentimento de inferioridade? Esse estado não é inerente à sua natureza, mas sim ao teor de suas experiências. Vamos ilustrar o que pode ocorrer na personalidade por conta das experiências. Imagine um indivíduo que se forma em engenharia e passa a procurar emprego. Por não ter experiência, entra em uma empresa, fica três meses e é demitido. Novamente procura emprego, passa pelo mesmo processo, é admitido, e logo depois é demitido. Se ele é melindroso, começa a inferir que seja incompetente, que só para ele as coisas não dão certo, e pode concluir que não nasceu para ser engenheiro. Em vez de contextualizar a situação, levando em conta os vários fatores que contribuíram para sua demissão: falta de experiência, escolha equivocada

Vencer pequenas barreiras **19**

(optou por uma empresa de estrutura frágil), ele se julga o responsável pelo insucesso. As experiências malsucedidas levam-no a acreditar que não possui capacidade.

Em relação ao complexo de inferioridade, as experiências que marcariam temporariamente o indivíduo, de acordo com o exemplo acima, são incorporadas de modo generalizado, e ele, então, acredita que sempre será assim. Joanna de Ângelis esclarece:[5] "...suas quedas e fracassos, seus compromissos não atendidos e deveres transformados em desequilíbrios, que o levaram a comprometimentos infelizes, deixando marcas de desaires e perturbações na retaguarda, fixam-se-lhe nos painéis delicados..."

O complexo de inferioridade compreende experiências malsucedidas que atormentam seu autor, levando a elaborar um autoconceito distorcido de si mesmo. É preciso que o indivíduo se reabilite, reparando os erros cometidos, e busque acertar, para recuperar sua autoimagem danificada.

Considerando ainda a exemplificação acima, se as experiências fossem bem sucedidas, o profissional da engenharia ficaria entusiasmado, procuraria se capacitar, faria um mestrado, concluindo que nasceu para isso! Como vemos, dependendo das experiências e do tipo de personalidade, o indivíduo desenvolverá autoconfiança e consciência de competência, ou seus opostos.

Doenças reais ou imaginárias

Na visão reducionista terrena a doença parece um inimigo onipotente que pode tudo, ceifando vidas hu-

---

5 Divaldo FRANCO, *Triunfo pessoal*, p. 66.

20 DESAFIOS DE MUDAR

manas. O Espírito estaria subordinado aos seus ditames sem apelo, contudo, em relação a esse aspecto, uma vez mais o Espiritismo levanta o véu que encobria esse mistério mostrando o contrário, que a doença está a serviço do Espírito. Como elucida Joanna de Ângelis:[6] "Na raiz de toda doença há sempre componentes psíquicos ou espirituais, que são heranças decorrentes da Lei de causa e efeito, procedentes de vidas transatas, que imprimiram nos genes os fatores propiciadores para a instalação dos distúrbios na área da saúde."

Se fôssemos reféns das doenças não teríamos livre-arbítrio, estaríamos submetidos a um determinismo cego, sem escapatória. Como esclarece a Benfeitora, a doença decorre de nossa conduta equivocada anterior, que aparece na forma de herança. A doença não é um monstro devorador que corrói o corpo aleatoriamente, ela é cirúrgica, trabalha ou purifica, onde precisa. Antes de reencarnar o indivíduo já apresentava as disposições para a doença ou outras condições do corpo, no perispírito, que são as marcas do seu desequilíbrio ou conquistas. André Luiz leciona:[7] "De modo geral, porém, a etiologia das moléstias perduráveis, que afligem o corpo físico e o dilaceram, guardam no corpo espiritual as suas causas profundas."

É importante lembrar que quando se trata de provação, a herança passada pode se modificar para melhor ou pior, dependendo da conduta pessoal. Diferentemente da expiação, que tudo indica ser irreversível na vida presente.

---

6   Divaldo FRANCO, *Amor, imbatível amor*, p. 135.
7   Francisco C. XAVIER, *Evolução em dois mundos*, p. 271.

Como se diz, a dor é inevitável, o sofrimento é optativo. As pessoas maduras moralmente suportam mais as dores e os reveses, enquanto as imaturas dramatizam, chamam atenção dos outros, geram culpas nos seus cuidadores, criam dores imaginárias por conta de seu desequilíbrio.

À medida que nos conscientizamos e nos educamos (provação), aprendemos a fazer o bem e superamos o egoísmo, nos harmonizando com as Leis Naturais. Kardec ensina que: "A lei natural é a lei de Deus; é a única necessária à felicidade do homem; ela lhe indica o que ele deve fazer ou não fazer e ele só se torna infeliz porque dela se afasta."[8]

Portanto, ânimo, coragem para avançar e romper com a retaguarda.

---

8 Allan KARDEC, *O livro dos espíritos*, p. 614.

Capítulo 2

Oportunidades

Quando duas pessoas se casam, cada uma possui sua história pessoal e familiar. A história pessoal compreende as experiências em vidas anteriores que eles exerceram nos vários papéis: pai, filho, empregador, empregado, autoridade, artista, algoz, vítima. Todas essas experiências deixam marcas psicológicas na personalidade, tais quais: de controlador, passivo, inseguro, desequilibrado, pacificador, altruísta, egoísta, de líder...

Na vida atual, o indivíduo é marcado por meio da socialização (meio familiar, profissional e social). Nesse processo ele incorpora valores, crenças, costumes, superstição, artes e moral de sua cultura; também é influenciado pela sociedade extrafísica ou vida espiritual superior ou inferior. Todos esses elementos vão refletir no comportamento individual e do casal. Eles vão carregar as heranças do passado, as conquistas do presente, a ideologia do seu grupo social, as influências religiosas e políticas. Consideremos, também, que estamos em um planeta de expiações e provas em que as individualidades carregam questões internas a resolver, bem como ampliam quali-

Oportunidades 23

dades já desenvolvidas e alimentam outras. Entretanto, há ainda a predominância do materialismo e seus apaniguados: utilitarismo, consumismo, preconceito e individualismo.

Em nosso exemplo, se esse casal decidir ter um filho, este vai receber ou incorporar toda essa herança cultural, cuja seleção do que importa e do que não importa, segundo sua evolução, ficará a cargo de seu livre-arbítrio. As escolhas desse filho, seu comportamento, seus valores aí estarão assentados. Com base nessa reflexão e considerando o cenário mundial, é compreensível que a maior parte da população não tenha lucidez quanto à importância das escolhas corretas para o seu aprimoramento moral e espiritual. Nesse sentido, Joanna de Ângelis assevera:[9] "O mergulho na neblina física oblitera o discernimento em torno da realidade, que é de natureza espiritual, e os tóxicos naturais da matéria perturbam os centros de interesses emocionais, em face da atração pelos prazeres imediatos, pelas sensações de gozo, pelas ilusões dos sentidos físicos."

Desse modo, se o indivíduo não estiver atento, vigilante, e em oração, elegerá caminhos induzidos pela cultura materialista e hedonista, pelas indústrias do consumo que visam somente ao lucro, enfim pensará apenas no imediatismo.

O que também pode acontecer, e que a ciência ainda não conhece, refere-se à repetição de hábitos, crenças obsoletas, provenientes de vidas passadas, que vão aparecer em forma de comportamentos inatos, gerando no indivíduo

---

9 Divaldo FRANCO, *Tesouros libertadores*, p. 146.

24 Desafios de mudar

apreensão, enfado, desinteresse por estar fazendo a mesma coisa, mesmo que inconscientemente. Pense o quanto é desagradável repetir o ano em algum curso, imagine repetir uma existência!

Voltando à reflexão a respeito das escolhas induzidas pela sociedade, estas poderão desviar o indivíduo de seu programa reencarnatório, que tencionava trabalhar aspectos pontuais de sua personalidade ou do seu grupo social que poderão ser pessoas da família, do trabalho, do centro espírita. No entanto, Joanna de Ângelis esclarece:[10] "Antes de mergulhares no corpo denso da carne, porque te utilizavas da consciência lúcida, rogaste aos Benfeitores do teu destino as oportunidades de crescimento mediante a redenção pessoal."

Na perspectiva terrena, a oportunidade de crescimento está associada às conquistas externas: profissão, salário, status, corpo perfeito, roupas de grife, carro, viagens. Estes desejos retratam bem os valores de consumo, o domínio da vaidade, do egoísmo e do orgulho. São as chamadas necessidades falsas que fascinam o consumidor com promessa de felicidade e realização. Por exemplo, comprar mais um par de sapatos não é uma necessidade, mas comprar óculos de grau é. A aparência de vitória já basta, mesmo que no mundo interior a depressão, a angústia, a solidão e a insegurança estejam castigando o indivíduo, levando-o a mais consumo na tentativa de aplacar tais sofrimentos. É o círculo vicioso do consumo. Precisamos aprender a obter tais conquistas na medida certa, sem o impulso tresloucado, a fim de evoluirmos com as expe-

---

10 Divaldo FRANCO, *Desperte e seja feliz*, p. 43.

Oportunidades 25

riências daí provenientes. Mas, de acordo com o alerta da Benfeitora, antes de reencarnarmos estávamos lúcidos, sabíamos quais eram nossas "necessidades reais", aquelas que fazem crescer e melhorar. O Benfeitor Eusébio propõe:[11] "Vinculai-vos, pela oração e pelo trabalho construtivo, aos planos superiores, e estes vos proporcionarão contato com os Armazéns Divinos, que suprem a cada um de nós segundo a justa necessidade."

A oração ajuda-nos a sair da estreiteza dos vapores materiais ampliando nossa capacidade de compreender, sem a interferência da dúvida e do medo.

Quais padrões de comportamento, interesses, tendências têm dificultado o seu progresso, precisando de corrigenda? Veja alguns exemplos: ganância, egoísmo, omissão, orgulho, poder, vaidade, vício... São condições que fazem mal para o próprio indivíduo, pela fixação mental perturbadora, e geram auto-obsessão.

Vejamos dois exemplos de escolhas baseados na busca dos prazeres ou das vantagens imediatas, isentos de ética, de respeito pelo outro:

Exemplo 1

Quantas pessoas que, para obter sexo, enganam a outra parte com promessas mentirosas, levando a pessoa iludida à depressão, ao alcoolismo e até ao suicídio? O sexo para o ludibriador, após esse tipo de experiência, trará sofrimento pessoal e alheio, formando vínculos demorados de se romper, e, provavelmente em próxima oportunidade reencarnatória o enganador apresentará restrições em sua sexualidade.

---

11 Francisco C. XAVIER, *No mundo maior*, p. 37.

Exemplo 2

Um empresário egoísta, identificado com o poder, pode exigir excessivamente de seus funcionários, humilhá-los, subestimá-los de modo que traga a eles sentimento de menos-valia, incompetência. Provavelmente, esse funcionário, ao chegar à sua casa, estará nervoso, intolerante, irá brigar com a esposa, não dará atenção aos filhos, pois estará impedido de viver sua vida familiar pela exaustão que apresenta. Isso significa que esse empresário não está sabendo usar o dinheiro e o poder adequadamente. Para reparar seus erros, ele pode pedir para voltar na próxima vida na posição de empresário novamente e dar aos funcionários tudo que tirou anteriormente. Agindo de forma ponderada e humana, ele dará boas condições de trabalho e realização profissional aos empregados, oferecendo assistência médica, auxílio a estudo para os funcionários e seus filhos, plano de carreira. Outra possibilidade de reparação, caso esse empregador esteja muito atormentado pelo que fez, consiste em pedir para passar nova existência em um subemprego, sem acesso às facilidades do mundo moderno, uma oportunidade de aprender a reparar a falta.

Há muitos séculos seguimos o mesmo modelo de crescimento social: predominância dos interesses dos poderosos ou das grandes empresas, mediante a exploração de funcionários que trabalham em excesso, são desrespeitados e levados à competição com os colegas de trabalho que passam a se tratar enquanto rivais. Então, a vida e a saúde humana tornam-se secundárias em relação aos lucros. Por sua vez, o indivíduo imaturo aceita se subme-

Oportunidades 27

ter a esse jogo desumano a título de migalhas de vantagens, por isso é igualmente responsável. Mas, há exceções quanto ao respeito e ao tratamento dispensados aos funcionários em muitas empresas, que oferecem condições de realização e trabalho digno.

Mas, apesar de todo prazer que as conquistas exteriores oferecem, elas são insuficientes para trazer paz interior, sentido à vida, aspiração espiritual. Então, a orientação de Joanna de Ângelis aponta para o crescimento como veio para a *redenção pessoal*, ou seja, para a libertação da sujeição do ego caprichoso e da superação dos interesses rasteiros. A redenção pessoal objetiva vencer as imperfeições morais (egoísmo, inveja, orgulho, vaidade), e desenvolver qualidades quais o altruísmo, a fraternidade, a modéstia, a amizade...

CAPÍTULO 3

Programação reencarnatória

As grandes transformações que a sociedade enfrenta atualmente podem confundir o saber humano que não consegue decifrar o que está ocorrendo. Apesar das várias conquistas da ciência para eliminar ou mesmo curar as doenças e proporcionar mais qualidade de vida às pessoas, ainda há muita gente em sofrimento.

É uma contradição porque a ciência produziu tantos recursos para facilitar a vida humana que deveríamos estar mais contentes e menos doentes. Mas essas conquistas são de ordem exterior: saneamento, alimento, máquinas, próteses, transporte, medicamentos...

A medicina avançou muito no tratamento do corpo: novos fármacos, tratamentos mais eficazes, cirurgias corretivas, transplantes, medicamentos para a dor, etc.

No entanto, tudo isso não traz, necessariamente, paz, bem-estar, esperança! Isso se dá porque essas conquistas são de ordem exterior e não vão além da materialidade. É necessário levar em conta que o objeto de seu interesse, o ser humano, é um Espírito Imortal, pré-existente, que traz as marcas de suas experiências milenares em forma de

Programação reencarnatória   29

limites, dores, perturbações, lucidez, determinação, maturidade, que vão tipificar sua personalidade.

A ciência, em sua maioria, procura compreender o indivíduo nos limites da vida única, mas esse olhar é insuficiente para esclarecer tanta diversidade. Esse limite se verifica, por exemplo, no desdobramento de equipes de profissionais ao realizarem um transplante de órgão: apesar do empenho em fazê-lo, em alguns casos, logo depois vem a decepção: a rejeição! Nesses casos temos de considerar que a doença não representa um incidente fortuito, mas algo ligado à conduta moral do paciente. Esclarece Joanna de Ângelis:[12] "As ocorrências normais de insucesso estão perfeitamente desenhadas no mapa das ocorrências da lei de causa e efeito, moral, que ainda predomina no paciente, impedindo-lhe a atual recuperação, o que não significa impropriedade ou desqualificação da técnica."

Mais adiante, na mesma página da lição, complementa a Benfeitora: "A rejeição, portanto, igualmente ocorre como fator de demérito do beneficiário, cujo perispírito não reestruturou o órgão recebido, adaptando-o à sua necessidade e gerando substâncias reativas, que expulsaram o corpo estranho aos seus equipamentos."

A medicina quer curar a doença, mas a pessoa continua doente. Temos de considerar que se ela fosse curada antes do tempo, poderia reincidir na falência do passado, agravando ainda mais sua situação. A ciência, mesmo não conseguindo êxito em alguns casos, está fazendo o seu papel em buscar a cura, aperfeiçoando cada vez mais suas técnicas. Um dia o *médico médium* estará mais atento à

---

12 Divaldo FRANCO, *Dias gloriosos*, p. 100.

inspiração da espiritualidade quanto às questões cármicas de seu paciente, ou saberá ouvir um médium em tal situação.

No campo da psicologia verifica-se postura similar, uma vez que as várias abordagens psicológicas procuram compreender o ser humano no seu todo: corpo, ego, consciente, inconsciente, existência, energia, espiritualidade, sociedade... A personalidade, de acordo com a perspectiva ortodoxa, é determinada pela genética, pelos determinantes ambientais que se dividem em cultura, classe social e família. O indivíduo nasce *tabula rasa* e aí se constitui.

O Espiritismo, porém, amplia essa visão asseverando que, antes do seu nascimento no corpo físico, o indivíduo já era uma individualidade, com um repertório de experiências milenares. Os pais, familiares, amigos, inimigos, atividades profissionais e classe social representam, na vida do espírito reencarnado, veículos facilitadores e necessários ao cumprimento da tarefa.

E nessa conjuntura, é importante destacar a influência dos nossos desafetos que, na condição de seres desencarnados clamando justiça, podem nos perseguir e tentar vingança. Esses perseguidores são denominados, segundo o Espiritismo, de obsessores espirituais. São espíritos que alimentam um só objetivo: aniquilar seu algoz do passado.

O obsidiado, por sua vez, aquele que sofre a ação do obsessor, ao se culpar por ter prejudicado seu vingador, entra em sintonia com ele por afinidade. Esse tipo de obsessão pode ser denominado de obsessão cármica, porque procede dos vínculos estabelecidos devido às atitudes anteriores dos litigantes.

Além desse tipo de obsessão, há aqueles levados a efeito por desencarnados inimigos do progresso, que atacam as pessoas que desejam expandir ou que são agentes do progresso.

A ação dos obsessores é perniciosa por sua alta carga de ódio e de maldade, gerando tormentos físicos e psicológicos na vítima: medo, insegurança, baixa autoestima, sentimento de inferioridade, insociabilidade. Na visão do espírito Manoel P. de Miranda, esse quadro de influência:[13] "...expressa-se com síndromes que podem confundi-la com os conhecidos transtornos neuróticos e alguns psicóticos, portanto, mais profundos. Sistematicamente, surgem os desequilíbrios de humor, que se acentuam em manifestações fóbicas, distímicas, empurrando as vítimas para as depressões, em determinados casos, e noutros açulando-lhes a rebeldia, a violência, a agressividade, as paixões servis..."

Especificamente, em relação às neuroses, o Espiritismo esclarece que muitas vezes elas procedem de vidas passadas, e por estarem gravadas no inconsciente podem se manifestar na vida presente. Vamos exemplificar: uma pessoa pode ter sido amada pelos seus a vida toda, e mesmo assim se sentir rejeitada, desamada. Isso é um perfil muito comum de ser observado nos atendimentos em consultório – o cliente tem ótima formação, é reconhecido por sua competência, mas intimamente, se sente um embuste, desqualificado.

Para compreender esta questão vamos imaginar uma pessoa que na vida passada foi desvalida, abandonada pela família, viveu de subemprego por motivos de pro-

---

13 Divaldo FRANCO, *Mediunidade: desafios e bênçãos*, p. 149.

32 DESAFIOS DE MUDAR

vas ou escolhas pessoais carregando dessa experiência crenças de desvalor. Após desencarnar, ela avalia como foi sua última reencarnação e propõe uma modificação. Novamente no cenário físico, ela se esforça para ser mais sociável, consegue boa formação e alcança uma colocação profissional satisfatória. Apesar de toda competência construída e reconhecida, as crenças ou sentimentos do passado poderão se interpor em sua mente atual, gerando convicções de menos-valia. Vemos aí o encadeamento que há entre as vidas anteriores e a atual. Sabendo dessa relação entre o passado, o presente e o futuro, compreendemos mais a personalidade como um ser reencarnado em processo de evolução.

Mas, apesar de toda informação que já possuímos a esse respeito, nossas limitações ainda não alcançam o encadeamento que há entre as ocorrências naturais de nosso comportamento cotidiano e os programas reencarnatórios.

Nas simulações acima, nosso objetivo foi apenas mostrar a interface entre a vida física e a espiritual. Isso significa que não estamos jogados no mundo, entregues aos acontecimentos, como popularmente se diz: "não caímos de paraquedas". Nossa estada aqui é intencional, por isso, não existe sorte nem azar em nascer nesta ou naquela família, ser saudável ou doente, ser rico ou pobre, ser bonito ou feio, uma vez que estas condições retratam, normalmente, nossas conquistas e deméritos evolutivos.

Cada situação assemelha-se a uma disciplina escolar cujo propósito é ajudar o aluno a ampliar seus conhecimentos e vivências. Na sala de aula do casamento, por exemplo, aprendemos afetividade, convivência, concessão, diálogo, compartilhamento... Existem outras salas de aulas: a da doença, a da riqueza, a da orfandade... As várias disciplinas ajudam o estudante a evoluir, a melhorar a personalidade de acordo com suas necessidades. Assim, a reencarnação é programada levando-se em conta a ficha evolutiva de cada um, sua trajetória evolutiva. De acordo com o espírito Manoel P. de Miranda:[14] "A planificação para reencarnações é quase infinita, obedecendo a critérios que decorrem das conquistas morais ou dos prejuízos ocasionais de cada candidato. Na generalidade, existem estabelecidos automatismos que funcionam sem maiores preocupações por parte dos técnicos em renascimento, e pelos quais a grande maioria de Espíritos retornam à carne, assinalados pelas próprias injunções evolutivas. Examinados por hábeis e dedicados programadores, que recorrem a técnicas mui especiais de avaliação das possibilidades apresentadas, são submetidos a demorados treinamentos, de acordo com o serviço a empreender, com vistas ao bem-estar da Humanidade, após o que são selecionados os melhores, diminuindo, com esse expediente, a margem de insucesso."

Esse esclarecimento nos leva a concluir que são descabidas queixas e vitimização, pois estamos no melhor corpo, na melhor família, na melhor profissão, na melhor sociedade que pudemos obter segundo nossos méritos e deméritos. Precisamos superar o vício da reclamação infantil e assumir a direção de nossa vida para bem mais aproveitar a reencarnação.

Não bastasse todo cuidado dos Benfeitores no processo de reencarnação, a fim de lograrmos êxito, eles conti-

---

14 Divaldo FRANCO, *Temas da vida e da morte* p. 13.

34 Desafios de mudar

nuam nos acompanhando durante o período de vida física. "É certo que jamais falta a cooperação daqueles que ficaram na Erraticidade, seus guias, amigos e benfeitores espirituais, que buscam inspirá-lo com insistência, encaminhando-lhe corações generosos e afeiçoados, a fim de o socorrer", salienta Joanna de Ângelis.[15]

Como podemos observar, a assistência Divina não falta, pois somos socorridos naquilo que precisamos e não, necessariamente, no que queremos, uma vez que nosso querer pode ser fruto de vícios pessoais, egoísmo, caprichos imediatistas, utilitaristas e consumistas. E é por meio da oração que nos conectamos com os Benfeitores que, amorosamente, nos encorajam a apartar dessa estreiteza, ampliando nossa capacidade de compreensão.

E nesse sentido, fazemos uma reflexão: Será que estamos alinhados com nossa proposta de reencarnação ou muito distantes dela? Vamos imaginar, de forma ilustrativa, que o indivíduo tenha reencarnado com o objetivo de se graduar em engenharia e construir um prédio de vinte andares para servir de realização para os seus moradores, mas em toda a sua vida o máximo que conseguiu foi erguer um casebre! A frustração e a culpa nesse caso devem ser devastadoras! E como administrar esse conflito? De acordo com Joanna de Ângelis, além do suporte espiritual que os Benfeitores endereçam a nós encarnados, ainda podemos contar com orientação e remanejamento de nossas tarefas, por meio do desdobramento do corpo físico, que nos possibilita visitar nossa cidade espiritual e acessar informações sobre nosso plano reencarnatório.

---

15 Divaldo FRANCO, *Lições para a felicidade*, p. 34.

Programação reencarnatória   35

"Noutras ocasiões, durante o sono físico, é conduzido de volta ao ninho espiritual de onde se afastou para o mister evolutivo, e ali são-lhe recordados os compromissos assumidos, reavaliadas as tarefas a desenvolver, definidos os futuros empreendimentos."[16] É reconfortante saber que estamos sempre amparados, contudo, o acesso a tais recursos vai depender exclusivamente de nosso esforço e merecimento.

E para finalizar este capítulo, gostaríamos de reiterar a importância da programação reencarnatória – meio de evolução de todos os seres. Para aqueles que desdenham de sua vida, julgando-a inexpressiva, decorrente da banalização pelo materialismo, pelas escolhas equivocadas, com a luz do Espiritismo, ou seja, com a apresentação da reencarnação, o que parece caos e infortúnio ganha significado. Então, o projeto de nova etapa existencial é minunciosamente traçado por especialistas que analisam o perfil do candidato, estabelecendo para ele condições, de modo que possa atingir resultados que o tornem melhor. As condições necessárias são dadas, a partir daí depende do aluno da vida.

---

16 Divaldo FRANCO, *Lições para a felicidade*, p. 34

CAPÍTULO 4

Potenciais desconhecidos

Ao adentrarmos o plano físico, esquecemos conscientemente a vida espiritual e as vidas anteriores, porém as conservamos integralmente no inconsciente, ressaltando que o esquecimento ou a lembrança depende da evolução pessoal.

Quando reencarnamos e passamos pelo processo de socialização, a identificação com o corpo é tão intensa que se tem a impressão de que somos somente o corpo físico. Vários fatores sociais reforçam esse aspecto, e as várias profissões que cuidam do corpo, especificamente profissionais tais quais: médico, agricultor, cabeleireiro, esteticista, personal trainer, nutricionista, fisioterapeuta, terapeuta ocupacional, massagista, costureiro etc. E muitas empresas, igualmente, vivem dos produtos voltados ao cuidado do corpo: alimentos, cosméticos, farmacêutica, lazer, plano de saúde. Somos constantemente induzidos a associar prazer a consumo, coisas relacionadas ao corpo (comprar um sapato novo, comer uma pizza, fazer cirurgia plástica).

A medicina, apesar dos avanços, ainda está toda voltada a cuidar da saúde do corpo. Há um incentivo nesse sentido, de se preocupar com o corpo, com a saúde e a doença. Um caso típico é o hipocondríaco, que fica imaginando estar doente; há pessoas que se automedicam, outras que são obcecadas por saúde, outras ainda que vivem sob dietas constantes... Deriva daí temas que são incorporados em nossas conversas e ganham importância exagerada: peso, altura, cabelos, músculos, vitamina, academia, força, sedução, rugas, cirurgia, depressão, silicone, peito, barriga, cintura, dieta, em detrimento de temas relacionados a espírito, imortalidade, inteligência, discernimento, resiliência, sociabilidade, tolerância, amor, simpatia, empatia, alteridade, equilíbrio e evolução, assuntos relegados a planos SECUNDÁRIOS. Felizmente, hoje os temas reencarnação, vidas passadas, Espiritismo aparecem mais nos meios de comunicação.

Sabemos que o corpo é muito importante para o nosso desenvolvimento psicológico e espiritual, e Emmanuel assevera com muita propriedade:[17] "O corpo é um instrumento sublime, credor de nossas melhores atenções até o fim da luta." É nele que expiamos os enganos de ontem, que nos educamos nas provas libertadoras, que desenvolvemos nossas aptidões. Também obtemos com ele prazeres saudáveis. No entanto, ele é apenas um instrumento do Espírito, perecível, temporário. A sabedoria ou a ignorância de um homem não procede do seu corpo, mas de suas experiências.

---

17   Francisco C. XAVIER, *Dicionário da alma*, p. 60.

38 Desafios de mudar

Mas, todo esse peso das questões referentes ao corpo, bombardeando nossa mente, faz pensar que somos apenas corpo e, então, esquecemos que somos Espíritos Imortais, multiexistenciais e em evolução constante. Somos seres perfectíveis, característica que o corpo físico não suporta. E a submissão aos interesses e apelos do corpo faz acreditar unicamente em limites. Precisamos desconstruir a identificação com o corpo e nos identificar com o Espírito que somos, dando o devido valor ao corpo, mas assumindo nossa condição imortal, abrindo espaço para os potenciais expandirem. É o convite de Joanna de Ângelis:[18] "O ser humano tem necessidade imediata de reflexionar em torno dos potenciais que nele jazem adormecidos, para bem direcioná-los conforme o conhecimento das finalidades existenciais em favor da própria felicidade."

Ao longo da evolução, desenvolvemos vários desses atributos que estão em processo de aperfeiçoamento e, à medida que melhoramos, nós exteriorizamos no meio social essas qualidades que voltam para nós numa relação de retroalimentação.

A sociedade oferece vários meios para desenvolver os potenciais humanos: a escola, a universidade, a filosofia, o mercado de trabalho, os livros, a ciência... Além dessas capacidades conhecidas, o Espiritismo vem mostrar outras faculdades inerentes ao ser humano que nos colocam em contato com o mundo espiritual, que é a mediunidade e as aptidões anímicas.

---

18 Divaldo FRANCO, *Jesus e vida*, p. 52.

Com a faculdade mediúnica o homem tem a capacidade de sentir, perceber e se comunicar com as pessoas desencarnadas ou Espíritos. Já a aptidão anímica "é a produção, pelo médium, de fenômenos de efeitos físicos ou de efeitos intelectuais sem a intervenção de espíritos desencarnados."[19], ou seja, quando uma pessoa sai do corpo, em desdobramento, auxiliado por um Espírito, trata-se de um fenômeno mediúnico, mas quando ela sai sem a interferência de um espírito, é um fenômeno anímico, porque se valeu de suas próprias faculdades. A faculdade mediúnica capacita o médium a psicografar, a escutar e a ver o espírito, a sair fora do corpo, a levitar...

Os fenômenos anímicos permitem ao médium o desdobramento, a clarividência, a clariaudiência, a telepatia, a transfiguração, a psicometria, a precognição, retrocognição, os transtornos de personalidade, a regressão de memória...

Para finalizar, segue uma lista de virtudes, como sugestão de comportamento que podemos adotar:[20]

"Sabedoria e conhecimento – Qualidades cognitivas que implicam aquisição e uso do conhecimento.

Coragem – Qualidades emocionais que envolvem o exercício da vontade de atingir objetivos diante de oposição, externa e interna.

Humanidade – Qualidades interpessoais que envolvem tomar conta e fazer amizades com outras pessoas.

---

19 Adenauer NOVAES, *Psicologia e mediunidade*, p. 134.
20 C.R. SNYDER, *Psicologia positiva – uma abordagem científica e prática das qualidades humanas*, p.66.

Justiça – Qualidades cívicas que estão por trás de uma vida saudável em comunidade.

Temperança – Qualidades que protegem contra excessos.

Transcendência – Qualidades que forjam conexões com o universo mais amplo e dão sentido."

Capítulo 5
Nossa evolução

Ao considerarmos as pessoas ilustres que viveram no planeta, seus feitos, sua contribuição para o progresso da coletividade, e nos compararmos a elas, pode inicialmente parecer que somos pequenos.

Essa autoavaliação é reforçada pela sociedade materialista que considera tais pessoas especiais, extraordinárias. São exemplo dessa afirmação: pessoas altamente inteligentes, como Einstein que quando desencarnou teve seu cérebro removido a fim de pesquisarem a correlação entre o cérebro e sua inteligência. Além disso, as crianças superdotadas que possuem altas habilidades cognitivas que nem sempre são alcançadas pelos "normais"; as pessoas boníssimas que são consideradas santas, com virtudes bem singulares do comum das pessoas.

Temos, ainda, em outra categoria, os milionários, as pessoas muito bonitas, os famosos que parecem distantes e inalcançáveis. Em outro extremo, pessoas pobres, doentes, ignorantes que estão longe das altas tecnologias, dos planos de saúde, da habitação digna, e tantos outros exemplos que poderiam sugerir aqui nessa reflexão. Esses

42 Desafios de mudar

contrastes parecem separar as pessoas em vários níveis: privilégio-restrição, sorte-azar, poder-subordinação, beleza-feiura, riqueza-pobreza, inteligência-ignorância... Mas, por que tanta disparidade? Uma visão materialista, que é unilateral, enxerga somente a superfície, pois não tem alcance para ir além. A explicação que dá em relação às diferenças entre as pessoas limita-se aos postulados da genética e da cultura.

No entanto, com o Espiritismo essa confusão desaparece, conforme é explicado por Allan Kardec:[21] "Pelo Espiritismo, o homem sabe de onde vem e para onde vai, porque está na Terra, porque sofre temporariamente e vê por toda parte a justiça de Deus. Sabe que a alma progride sem cessar, através de uma série de existências sucessivas, até atingir o grau de perfeição que pode aproximá-la de Deus. Sabe que todas as almas, tendo um mesmo ponto de origem, são criadas iguais, com a mesma aptidão para progredir, em virtude do seu livre-arbítrio; que todas são da mesma essência e que não há entre elas senão a diferença quanto ao progresso realizado; que todas têm o mesmo destino e atingirão o mesmo alvo, mais ou menos rapidamente, segundo seus trabalhos e sua boa vontade. Sabe que não há criaturas deserdadas, nem mais favorecidas umas que as outras; que Deus a nenhuma criou privilegiada e dispensada do trabalho imposto às outras para progredir, e que não há seres perpetuamente voltados ao mal e ao sofrimento..."

Com esta explicação, Kardec desfaz todo o mistério, e esse conceito de pessoas especiais ou vulgares perde for-

---

21 *A gênese*, p. 23.

ça, pois somos todos iguais em essência, diferentes apenas nas experiências. Na escalada evolutiva uns são mais adiantados, outros menos, de acordo com a maturidade espiritual e as escolhas pessoais. As condições e os potenciais são iguais para todos – pois é Jesus quem afirma isso: "Aquele que crê em mim, as obras que eu faço, ele também fará, e fará maiores do que estas, porque eu vou para o Pai."[22] Isso quer dizer que as pessoas que parecem distantes de nós por sua eminência ou sabedoria, nada têm de especial, apenas muito suor, pesquisa, leitura, curso, seminário, experiência em muitas encarnações.

Allan Kardec vem, igualmente, esclarecer esta suposta prerrogativa: "O homem de gênio é um Espírito que viveu por mais tempo, e por conseguinte, tem mais aquisições e mais progresso que aqueles que se acham menos adiantados. Encarnando-se, ele traz o que sabe, e como sabe mais que os outros, sem ter de aprender, é o que se chama um homem de gênio. Mas o que ele sabe não é outra coisa senão o fruto de um trabalho anterior, não é o resultado de um privilégio. Antes de nascer, portanto, era um Espírito adiantado; ele se reencarna, seja para que outros se aproveitem do que já sabe, seja para adquirir progresso."[23]

Como foi abordado no capítulo 4, temos a impressão de sermos o corpo físico e não o Espírito Imortal; nossos altos e baixos emocionais insinuam falta de evolução. No entanto, André Luiz[24] informa que para atingirmos a idade da razão levamos um bilhão e meio de anos, e que esta

---

22 *O novo testamento*. João: 14,12.
23 Alan KARDEC, *A gênese*, p.12.
24 Francisco C. XAVIER, *Evolução em dois mundos*, p. 43.

44 Desafios de mudar

aquisição se deu há duzentos mil anos. Com esta informação, deduzimos que no mínimo temos um bilhão e setecentos mil anos de idade. Joanna de Ângelis[25] dá notícia de que "somente nos últimos dez mil anos, aproximadamente, é que o raciocínio, o discernimento, a consciência passaram a instalar-se no ser humano, ensejando-lhe melhores reflexões em torno da vida." Isso prova que temos muita estrada percorrida, é claro que diante do infinito essa trajetória representa um grão de areia, mas nos parâmetros humanos já avançamos bastante.

A psicologia tradicional define personalidade tal qual um conjunto de fatores que se forma a partir do nascimento do indivíduo que adquire dos pais, da família, da cultura, da genética, as bases para se constituir. Quando a constatação de que o indivíduo é um Espírito que já teve milhares de existências vier a lume, e que em cada uma delas foi uma personalidade diferente, tendo experiências no gênero masculino e feminino, a ciência vai repensar seus conceitos. Ao se considerar que os pais de hoje, que são os modelos para o desenvolvimento do filho, podem ter sido, no passado, seus amantes[26], irmãos, inimigos, com sentimentos os mais variados, o ser humano adotará outra postura perante o seu próximo.

Precisamos nos apossar de nossa condição de Espíritos Imortais em processo de evolução, superando a visão da vida única, da mortalidade, das doenças, dos tormentos inerentes ao humano, sabendo que estas são condi-

---

25 Divaldo FRANCO, *Encontros com a paz e a saúde*, p. 24.

26 A psicanálise denomina Complexo de Édipo o desejo sexual do filho pela mãe e sua hostilidade para o genitor. O Complexo de Electra é o desejo da filha pelo pai.

Nossa evolução 45

ções da imaturidade evolutiva a ser superada. Joanna de Ângelis[27] nos faz esse lembrete: "A tua luz é conquista sublime dos esforços desenvolvidos ao longo da marcha ascensional, superando as trevas interiores e exteriores procedentes dos períodos primevos do despertamento para a Verdade."

Estas trevas interiores e exteriores são nossos débitos pessoais e sociais que se expressam em forma de tormentos e limites pessoais e sociais. Com a aproximação da Fase de Regeneração do nosso planeta, teremos resolvido essas pendências provacionais e expiatórias para que estejamos em condições de viver em um planeta melhor.

---

27 Divaldo FRANCO, *Atitudes renovadas*, p. 97.

CAPÍTULO 6

HÁBITOS

Hábito é a "maneira permanente ou frequente de comportar-se; costume, regra, modo."[28]

O hábito pode ajudar ou atrapalhar, porque quando ele é incorporado passa a ser automático; algumas vezes nos expressamos ou tomamos decisões sem pensar.

Uma criança que está aprendendo a escovar os dentes ou a tomar banho sozinha precisa ser lembrada todo dia, até virar um hábito, senão ela esquece. É esperado de um adolescente e de um adulto que escove os dentes no mínimo três vezes ao dia – é um bom hábito. Uma pessoa com colesterol elevado que come um chocolate todo dia após as refeições, criou um hábito não saudável. Um beato que se habituou a fazer o nome do pai quando passa em frente a uma igreja, se não o fizer, acha que alguma coisa vai acontecer. São exemplos de bons hábitos: comer frutas, praticar exercícios, ver o lado bom da vida, ler, viajar. Exemplos de maus hábitos: comer comidas gordurosas, sedentarismo, criticar tudo, a assistir filmes de violência.

---

28 *Dicionário Houaiss da língua portuguesa.*

Joanna de Ângelis[29] corrobora esse pensamento dizendo: "As fixações mentais que se transformam em hábitos, respondem pela conduta do indivíduo, estabelecem as suas normativas existenciais."

Ao longo do desenvolvimento, a criança adquire hábitos familiares e culturais, sem perceber, porque "todo mundo" faz, parece natural. A título de exemplificação: um pai machão, rude, agride sua esposa, esta fica calada para não piorar as coisas, passando a mensagem para os filhos de que as coisas são assim. Em outro exemplo, um pai companheiro da esposa que a ajuda nos seus afazeres, com demonstrações constantes de afeto por ela está ensinando aos filhos a respeitarem as mulheres.

Quantas pessoas diante de dificuldades criam o hábito de ingerir bebida alcoólica para lidar com problemas? Com o passar do tempo, até pequenos obstáculos os levam à fuga na bebida. Teriam outra maneira de enfrentar o problema? Sim, por meio da oração, de acordo com o que nos ensina o Espiritismo, entrando em contato com a Divindade. Outra forma de buscar ajuda é conversar com alguém a fim de desabafar e obter apoio.

Quantas pessoas procuram resolver o tédio através de subterfúgios: álcool, droga, sexo desregrado, sem conseguir? Faz-se necessário prestarmos mais atenção em nós mesmos, pois pessoas que se conhecem mais compreendem que têm seus altos e baixos, quando estão para baixo sabem como se ajudar: desfrutando de uma boa leitura, fazendo uma caminhada, escutando música ou palestra, tomando passe, de modo a não se entregar a sentimen-

---

29 Divaldo FRANCO, *Rejubila-te em deus*, p. 141.

48 Desafios de mudar

tos e pensamentos doentios. Todos nós estamos sujeitos a isso, precisamos buscar meios eficazes para "sairmos do buraco".

Na condição de Espíritos multiexistenciais, portamos hábitos adquiridos não somente desta vida, mas de vidas passadas também, como informa Joanna de Ângelis:[30] "Transferindo-se de uma para outra existência, esses hábitos fortalecem-se cada vez mais, apresentando-se como tendências e impulsos que conduzem o seu possuidor com submissão..."

É ingênuo pensar que temos plena autonomia em nossa vida e não percebermos que estamos seguindo sugestões alheias à nossa vontade. Algumas propagandas sugerem como será o nosso fim de ano, quais os programas que vamos assistir. Geralmente as bebidas são associadas a festas, encontros com amigos e alegria. Além do apelo da mídia, também os desencarnados, através do processo obsessivo, induzem suas vítimas a desistirem de seus projetos, a entrarem em processo depressivo, e até mesmo a se suicidarem...

Quando estas ideias são alimentadas, via fixação mental, o hábito se instala e seu cultor apaga a versatilidade, a criatividade, a vontade, a racionalidade, e entra nos automatismos cegos. O mundo, então, fica pequeno, previsível, torna-se uma repetição. Precisamos, nesse momento, romper esse estreitamento mental, lembrar da grandiosidade da vida na Terra e da nossa condição de viajores do

---

30 Divaldo FRANCO, *Libertação do sofrimento*, p. 57.

Hábitos 49

cosmo. Em relação aos vícios mentais, assevera Joanna de Ângelis:[31] "Desencarcera-te dos vícios mentais e estabelece um programa de renovação interior."

Precisamos fazer uma revisão dos hábitos disfuncionais, obsoletos, que carregamos desde a infância, que comandam nossa vida. Podemos elaborar o programa sugerido que seja saudável, como forma de preservar e melhorar nossa reencarnação. Veja algumas alternativas:

O que prejudica o seu corpo:

- Comer exageradamente
- Bebida alcoólica em demasia
- Cigarro, cachimbo, charuto
- Drogas

O que prejudica suas emoções/sentimentos:

- Discussões
- Guardar ressentimento
- Irritação
- Medo

O que prejudica seus pensamentos:

- Ficar ruminando
- Falar mal dos outros
- Falar palavrão
- Lamentação

---

31 Divaldo FRANCO, *Rejubila-te em Deus*, p. 143.

50 DESAFIOS DE MUDAR

O que prejudica suas energias e afeta seu corpo, as emoções e os pensamentos:

- Botecos
- Prostíbulos
- Casa de jogos
- Pornografia

O que melhora sua vida:

- Cuidar do corpo
- Boa alimentação
- Leituras
- Cursos
- Exercícios
- Passeios
- Amizades
- Bom humor
- Religiosidade

Você é senhor ou subalterno dos seus hábitos?

CAPÍTULO 7

APRENDER A AMAR

Pensando no homem novo que está se descobrindo e aprendendo a se valorizar, Joanna de Ângelis[32] faz uma proposta de elevação espiritual: "Jesus, o Psicoterapeuta Excelente, ao sugerir o amor ao próximo como a si mesmo após o 'amor a Deus' como a mais importante conquista do homem, conclama-o a amar-se, a valorizar-se, a conhecer-se de modo a plenificar-se com o que é e tem, multiplicando esses recursos em implementos de vida eterna, em saudável companheirismo, sem a preocupação de receber resposta equivalente."

Gostaria, juntamente com o leitor, de mergulhar no significado deste pensamento a fim de procurar maneiras de transformá-lo em caminhos. Estamos aprendendo a amar a Deus, ao próximo e a nós mesmos. O nosso autoamor e o amor ao próximo estão carregados de exigências e condições. O amor ao Criador também é à nossa maneira, com nossos afetos e tormentos, rituais, promessas, barganha, medo...

---

32 Divaldo FRANCO, *O Homem integral*, p. 30.

52 DESAFIOS DE MUDAR

Antes de prosseguirmos à orientação do texto acima, vamos nos embasar em recursos apresentados em outro texto, também de Joanna de Ângelis[33], em que a Benfeitora faz uma proposta inversa àquela apresentada anteriormente, em relação ao amor a Deus, ao próximo e a nós mesmos. Vejamos sua proposta: "Ante a impossibilidade de o homem amar a Deus em plenitude, já que tem dificuldade em conceber o Absoluto, realiza o mister, invertendo a ordem do ensinamento, amando-se de início, a fim de desenvolver as aptidões que lhe dormem em latência, esforçando-se por adquirir valores iluminativos a cada momento, crescendo na direção do amor ao próximo, decorrência natural do autoamor, já que o outro é extensão dele mesmo, para, finalmente amar a Deus, em uma transcendência incomparável, na qual o amor predomina em todas as emoções e é o responsável por todos os atos."

Autoamor

Seguindo esta orientação, precisamos primeiramente aprender a nos amar para sabermos como amar o próximo e depois amar a Deus! Como fazemos isso? Comprando coisas para nós e atendendo aos nossos desejos? É assim que aprendemos socialmente! Mas, não, estas são as velhas fórmulas superficiais que podem gerar apenas algum agrado, alguma satisfação. Vejamos os sinônimos de amar e de amor com as seguintes variações:[34]

---

33 Divaldo FRANCO, *Amor, imbatível amor*, p. 253.

34 *Dicionário sinônimos e antônimos Houaiss.*

Amar
Apreciar: gostar
Gostar: adorar, estimar, prezar, querer bem
Honrar: prezar, respeitar, venerar
Amor
Afeição: afeto, amizade, apego, apreço, benquerença, bem-querer, estima, simpatia, ternura.

Desde a infância, aprendemos a olhar os outros e quase nunca olhamos nós mesmos. As advertências dos pais mostram isso: "não bata no seu irmão", "não grite com a mamãe", "respeite os mais velhos", "cumprimente as visitas". Alguém pergunta por que a criança está fazendo essas coisas? Você se lembra de alguma recomendação dos mais velhos de você tomar contato consigo, tais como: "olha para você mesmo", "você é importante para nós", "perceba sua irritação", "você está triste/alegre?", "o que você está sentindo?" Se ouviu você faz parte de uma minoria. Talvez você já tenha ouvido advertências como estas: "engula o seu choro", "cale a boca", "criança não dá palpite", "você está acabando com minha saúde/vida". Qual é o peso dessas reprimendas na cabeça da criança? Claro que isso não é uma regra, os pais mais lúcidos tratam seus filhos com amor, respeito, e energia quando é necessário.

O passado não dá para mudar, simplesmente passando uma borracha. Mas podemos mudar nosso modo de compreender tudo o que houve. O espírito Marco Prisco[35] propõe: "Comentam os pessimistas, que não há como alterar-se o rumo da má sorte, nem do destino ingrato. Seguramente, o objetivo essencial da existência terrena é mudar as paisagens infelizes que a incúria sombreou

---

35 Divaldo FRANCO, *Diretrizes para uma vida feliz*, p. 92.

54 DESAFIOS DE MUDAR

de amargura, trabalhando, sem cessar, para torná-la mais bela."

Não estamos casualmente aqui, mas sim propositalmente, objetivando evoluir e não nos curvarmos aos óbices. Precisamos sair do conformismo passivo e aprendermos a ser proativos, diligentes. Devemos aprender a nos amar, o que não quer dizer validar nossos erros e grosserias, mas reconhecer nossas qualidades, e assim também reparar nossos desatinos.

Como foi dito acima, nós aprendemos a olhar os outros e pouco a nós mesmos, por isso, a fim de nos autoamar eu proponho tomar contato conosco, apreciar a pessoa que somos, nossas habilidades, nossas realizações como esforços pessoais para chegar onde estamos:

Qualidades negadas

Que tal começar por suas qualidades negadas? Quantas crianças revelam dotes artísticos e os pais reprimem porque não é uma profissão rentável? O que você gostava de fazer: pintar, cantar, fazer artesanato? É possível resgatá-los e se aproximar tal qual um hobby? Não é a opinião dos seus pais que deve prevalecer, mas a sua apreciação. Você quer ou não quer, gosta ou não gosta?

Gostar de si mesmo

Você não precisa ser especial, acertar todas, ser doutor, ter o aval dos outros para gostar de si mesmo. Goste de seus conhecimentos, de suas conquistas, de seus aprendizados, de suas mancadas inocentes. Respeite seus limites. Até agora foi o que você conseguiu fazer de si mesmo, faz tempo que você vem se trabalhando, não jogue esse esforço fora, se denegrindo.

Goste de seu corpo

Você pode estar acima ou abaixo do peso, pode ser alto ou baixo, saudável ou doente, bonito ou feio, mas este é o seu corpo! Fuzilar esse corpo com ideias destrutivas, com negação, com maus tratos vai deixá-lo doente, com expectativa de recuperação demorada. O seu corpo não é você, ele apenas é um instrumento de evolução que retrata como você está por dentro. Ele está ajudando você a se harmonizar através das limitações e das dores que você provocou por causa de seus caprichos, pelos excessos, pelo desdém aos outros... A saúde também colabora com o bem-estar e a lucidez para melhorar a existência. Ele retrata como estão seus pensamentos e emoções. Quando você se harmoniza com a moderação, com o bem, com a solidariedade, as dores são superadas, os limites são suspensos. Você é um espírito imortal, ele é um corpo transitório!

Autoaceitação

Autoaceitação não é validar os comportamentos destrutivos, o orgulho, o egoísmo, a vaidade, a avareza, é se aceitar como você está e não se negar. O psicólogo Nathaniel Branden aborda a autoaceitação de forma bem didática: "A auto-aceitação envolve nossa abertura para experimentar – isto é, tornar real para nós mesmos, sem negação ou evasivas – que nós pensamos o que pensamos, que sentimos o que sentimos, que desejamos o que desejamos, que fizemos o que fizemos e que somos, quem somos.

É a recusa de ver qualquer parte de nós mesmos – o corpo, as emoções, os pensamentos, as ações, os sonhos

56 DESAFIOS DE MUDAR

– como alheia, como algo que não 'sou eu'. É estarmos dispostos a experimentar, e não a desacreditar, todos os fatos de nosso ser, num determinado momento – pensar à nossa maneira, aceitar o que sentimos, estar presente na realidade de nosso comportamento."[36]

Só assim nos conheceremos e saberemos onde precisamos mudar, onde podemos melhorar, e o que precisa ser desenvolvido.

Amar o próximo

Uma pessoa de baixo astral, pessimista, derrotista, maldosa, insegura, que imagem ou conceito terá de si mesma? Não é das melhores, não é? Como vai ser sua relação com as pessoas e a vida? Com muitos tumultos, intrigas, desconfianças num mundo que parece conspirar contra ela. Como ela amará os outros? Aí, vemos a importante recomendação de Jesus – de amarmos o próximo como nos amamos. Se aprendermos a nos tratar bem, a nos respeitar, saberemos como tratar o outro. Analisemos a instrução dos Benfeitores da humanidade referente ao amor ao próximo: "Amar ao próximo como a si mesmo; fazer aos outros como quereríamos que nos fizessem', eis a expressão mais completa da caridade, porque ela resume todos os deveres para com o próximo. Não se pode ter, neste caso, guia mais seguro, do que tomando como medida do que se deve fazer aos outros o que se deseja para si mesmo. Com que direito exigiríamos de nossos semelhantes melhor tratamento, mais indulgência, benevolência e devotamento, do que lhes damos?"[37]

---

36 *Autoestima e os seus pilares*, p. 126.
37 Allan KARDEC, *O evangelho segundo o espiritismo*, cap. 11, item 4.

Na condição de Espíritos imortais em evolução, tudo aprendemos, inclusive o exercício do amor. Não é de um momento para o outro que passamos a gostar das pessoas. Os grupos familiares, de amigos, de trabalho, de clubes, de religião permitem convivência, oportunidades em que os laços afetivos vão sendo construídos. O amor ao próximo é construído no dia a dia através do tempo, como mais uma vez instrui os benfeitores[38] "...para praticar a lei do amor, como Deus a quer, é necessário que chegueis a amar, pouco a pouco, e indistintamente, a todos os vossos irmãos." E quem são nossos irmãos? Toda a humanidade. O amor se expressa de várias maneiras: por meio da amizade, da simpatia, da empatia, do companheirismo...

Amar a Deus

Ainda estamos em treinamento quanto ao autoamor, quanto mais amadurecermos mais saberemos como fazê-lo. O mesmo se aplica ao amor ao próximo. À medida que superamos o egoísmo, os instintos, os caprichos, os apegos, as posses, nos desapegamos e liberamos o outro, deixando-o ser quem é, e passamos a ser quem somos através do respeito mútuo.

Amar a Deus é amar sua criação, a natureza, os seres. Nós e o nosso próximo somos criaturas de Deus! O psicólogo Adenáuer Novaes[39] descreve assim o amor a Deus: "Amar a Deus é trabalhar pela Sua obra. (...) Amar a Deus é viver em sociedade, sem necessitar isolar-se da partici-

---

38 Idem, *O evangelho segundo o espiritismo*, cap.11, item 9.
39 Adenáuer, NOVAES, *Amor sempre*.

pação na construção e aperfeiçoamento de Sua obra. É conviver com seus pares participando da Vida, sem dela ausentar-se, sob pretexto algum. Viver a Vida é amar a Deus. Amar a Deus é amar toda expressão da natureza, toda a criação, tudo o que existe."

Capítulo 8

Mudanças

A psicologia analítica (junguiana) considera que o que está inconsciente em nós se torna destino, tende a se realizar. Afirma o psicólogo junguiano James Hollis: "Mas aquilo que está inconsciente tem grande poder em nossas vidas, pode realmente fazer escolhas por nós, e com certeza tem construído de maneira implícita os padrões de nossa história pessoal."[40]

Para ilustrar, imagine uma pessoa que tenha passado por uma rejeição e não tenha resolvido essa questão. As imagens da experiência ficaram registradas no inconsciente, e com o tempo ela pode esquecê-las. O fato de esquecer a experiência não significa que ela tenha sido apagada ou tenha desaparecido. A pessoa continua tocando sua vida, mas sempre que assiste a um filme, ou nas conversas que mantém com os outros, surge algum assunto ligado à rejeição e seus congêneres: abandono, separação, traição... e ela, então, vai se sentir angustiada, desconcertada. Ela pode lembrar ou não do episódio da

---

[40] *Encontrando significado na segunda metade da vida*, p. 30

60 DESAFIOS DE MUDAR

rejeição, mas uma parte da sua vida presente está sendo dirigida pelo trauma.

O mesmo pode se dar com a superstição, o medo, a insegurança, o preconceito, as crenças que vão se imiscuir em nossas escolhas e ações. Por exemplo, uma pessoa que se sente insegura de participar de uma entrevista de emprego, quando o fizer vai render bem pouco e provavelmente vai ter reações que vão desclassificá-la: sudorese, nervosismo, lapso de memória... Por outro lado, as qualidades: positividade, otimismo e confiança nos ajudam a atravessar nossas experiências contribuindo para o êxito.

Joanna de Ângelis[41] disserta acerca desse assunto, explicando: "Quando alguém aspira por mudanças para melhor, irradia energias saudáveis, do campo mental, que contribuem para a realização da meta. Através de contínuos esforços, direcionados para o objetivo, cria novos condicionamentos que levam ao êxito, como decorrência normal do querer. Nenhum milagre ou inusitado ocorre, nessa atitude que resulta do empenho individual."

Do mesmo modo que nossos conflitos aparecem em nossas manifestações, obstando as realizações, os bons propósitos vêm nos ajudar. Como propõe a Benfeitora Joanna de Ângelis, irradiamos energias benfazejas quando almejamos mudar para melhor. Alguns leitores poderão achar estranho o fato de irradiarmos energias, porque muita gente acredita, inclusive a própria ciência, que nossos pensamentos são apenas reações químicas do cérebro. Trata-se de uma visão materialista. E para re-

---

41 Divaldo FRANCO, *O Ser consciente*, p. 48.

flexão dos incrédulos, André Luiz[42] elucida a nós todos: "Sempre que pensamos, expressando o campo íntimo na ideação e na palavra, na atitude e no exemplo, criamos formas-pensamentos ou imagens-moldes que arrojamos para fora de nós, pela atmosfera psíquica que nos caracteriza a presença." O pensamento é uma irradiação mental carregado de informação: imagens, emoções e energias. Retomando o texto de Joanna de Ângelis, são precisos contínuos esforços para se criar condições que levem ao resultado desejado. Precisamos vencer os empecilhos alojados em nós que têm impedido de avançarmos, de aproveitarmos bem mais nossa reencarnação e as oportunidades abençoadas que são ofertadas pela Divindade. Estes embaraços têm vários nomes: bloqueios pessoais, traumas, conflitos, omissão, medo, lei do menor esforço, ficar em cima do muro, preguiça, dependência dos outros, massificação, apatia, desesperança, obsessão espiritual, materialismo, levar vantagem... Você acrescentaria mais algum?

Foram vistos em vários capítulos deste livro as restrições que o materialismo provoca, assim também a inferioridade do Planeta, por ser de expiações e provas. De alguma forma, com a contribuição destes fatores nosso vocabulário é igualmente pobre das coisas elevadas.

Para exercício de nossa inteligência e sugestão de novas atitudes, vamos ver quais são os antônimos da lista de empecilhos, a fim de enriquecer nosso vocabulário com ideias positivas:

---

42 Francisco C. XAVIER, *Mecanismo da mediunidade*, p. 86.

62 Desafios de mudar

bloqueio/abertura pessoal
conflitos/pacificação/paz
medo/coragem/destemor
ficar em cima do muro/certeza/definição
dependência dos outros/autonomia/independência
apatia/ânimo/entusiasmo
obsessão espiritual/equilíbrio/polivalência
levar vantagem/honestidade/esforço próprio
traumas/alento/conforto
omissão/empenho/interesse
lei do menor esforço/entusiasmo/intrepidez
preguiça/atividade/dinamismo
massificação/individualidade/singularidade
desesperança/confiança/esperança
materialismo/espiritualismo/espiritismo

À medida que nós liberamos nossa mente dos obstáculos, resgatando nossos débitos, praticando a caridade, desenvolvendo qualidades intelecto-morais, vamos prescindindo das condições de expiação e de provas, caminhando para o Planeta de Regeneração, superando o paradigma prevalente da doença, da dor, da disputa, da crueldade, da maldade, das manipulações, da desonestidade, da lei do mais forte, da maledicência, e rumamos para o paradigma da Regeneração:

"Os mundos regeneradores servem de transição entre os mundos de expiação e os felizes. (...) Neles, não há mais o orgulho que emudece o coração, a inveja que o tortura e o ódio que os asfixia. A palavra amor está escrita em todas as frontes; uma perfeita equidade regula

Mudanças 63

as relações sociais; todos manifestam a Deus e procuram elevar-se a Ele, seguindo as suas leis.

Nesses mundos, contudo, ainda não existe a perfeita felicidade, mas a aurora da felicidade. O homem ainda é carnal, e por isso mesmo sujeito às vicissitudes de que só estão isentos os seres completamente desmaterializados. Ainda tem provas a sofrer, mas estas não se revestem das pungentes angústias da expiação. Comparados à Terra, esses mundos são mais felizes, e muitos de vós gostariam de habitá-los, porque representam a calma após a tempestade, a convalescença após uma doença cruel. Menos absorvido pelas coisas materiais, o homem entrevê melhor o futuro do que vós, compreende que são outras as alegrias prometidas pelo Senhor aos que se tornam dignos, quando a morte ceifar novamente os seus corpos, para lhes dar a verdadeira vida."[43]

---

43 Allan KARDEC, *O evangelho segundo o espiritismo*, cap. 3, item 17.

CAPÍTULO 9

PSICOTERAPIA ESPECIAL

Neste capítulo, gostaríamos de pontuar, por meio de um recorte, alguns aspectos referentes aos transtornos psicológicos e a psicoterapia. Na obra *Tramas do Destino* há um comovente diálogo entre a personagem Lisandra e sua mãe, quando a jovem confidencia à genitora. "Eu compreendo as coisas. O que se passa comigo não ocorre com pessoas normais. Eu sofro muito, interiormente. Minha mente vive inquieta e vejo-me perseguida... Sinto asco de mim própria... Odeio-me... Desejo morrer... (...) não aguento mais. Eu sou uma desgraçada! Toda a minha existência há transcorrido numa fuga, sob um medo íntimo, cruel, entre doenças vergonhosas..."[44]

Aos olhos do mundo materialista, a personagem Lisandra seria mais uma criatura infeliz, acometida de Psicose Maníaco-Depressiva, atualmente denominada de Transtorno Bipolar, uma doença motivada por fatores genéticos e sociais, alheios à vontade do paciente.

---

44 *Tramas do destino*, p. 163.

Psicoterapia especial   65

Mas, de acordo com a narrativa, Lisandra, em reencarnação passada, havia traído o marido e matado o amante, fazendo este quadro perturbador. Assim, sua mente não conseguia se afastar da riqueza de detalhes da imagem do crime, carregado de sons, cores, sensações, energias, emoções, culpa, além da obsessão espiritual. Então, a consciência de culpa atraiu o obsessor que a acusava e, com isso, a levou ao autojulgamento.

O caso de Lisandra era grave, por se tratar de um transtorno de personalidade conjugado à obsessão espiritual. Por mais que ela recebesse afeto, seu estado íntimo não variava muito. Era uma expiação expressa através de uma auto-obsessão. Nesses casos a grande terapia é a reencarnação e o tempo.

Na jornada evolutiva, todos nós cometemos desatinos e boas realizações, e cada qual traz em si as marcas dos sucessos e dos insucessos em forma de forças internas tais quais: autoconfiança, autoestima, alegria, equilíbrio, sociabilidade, afeto; ou perturbações: culpa, medo, raiva, doença... Por conta disso, fomentamos bons ou maus pensamentos, boas ou más emoções e atitudes. Ao alimentarmos a negatividade, reforçamos e prolongamos os tormentos pessoais, como autores da própria desdita, contudo, na maioria das vezes, somos capazes de dizer que são as pessoas e o mundo que nos infelicitam.

Como não escapamos à autoria de nossa vida, que tal aplicarmos nossos esforços para melhorar nossa existência? É o que propõe Joanna de Ângelis:[45] "Uma psicoterapia especial, entre outras, ressalta na fixação pela repetição de

---

45 Divaldo FRANCO, *Autodescobrimento*, p. 114.

66 DESAFIOS DE MUDAR

frases idealistas, de autossugestão otimista, de interiorização mediante a prece, de meditação no serviço de amor ao próximo, através do amor a si mesmo."

Certamente, a proposta não traz novidade, porém muitos de nós agimos de modo contrário, ou seja, promovemos pensamentos doentios e nos colocamos para baixo. Entretanto, temos a liberdade de fazer escolhas mais sadias e inteligentes. Avancemos um pouco mais em nossa reflexão, tomando por base o texto da Benfeitora Joanna de Ângelis.

Frases Idealistas

Nestes tempos modernos, sabedores da importância de se adotar nova postura perante a nós mesmos e perante a vida, as palavras-prisão: "não se deve confiar em ninguém", "a terra é um vale de lágrimas", "tudo é muito difícil", "não adianta ser honesto", já não fazem sentido, pois representam frutos dispensáveis da ignorância e da falta de evolução. O nosso crescimento deve estar pautado em outras colocações mais atualizadas e condizentes com o progresso. As frases idealistas são nossas aspirações, nossos alvos. Vejamos alguns exemplos:

- O melhor vai acontecer em nossa vida
- Dias melhores virão
- Tudo passa
- Estou melhorando

Com propriedade, assevera Marco Prisco:[46] "O que você pensa, torna-se parte da realidade que você viverá.

---

46   Divaldo FRANCO, *Diretrizes para uma vida feliz*, p. 95.

Psicoterapia especial **67**

Toda construção mental, a pouco e pouco, faz-se plasmada no comportamento existencial."

Autossugestão Otimista

A autossugestão otimista é a recomendação, a inspiração, o incentivo que praticamos a nós mesmos, esperando o lado bom, favorável. Exemplos:

- Sou competente
- Posso me relacionar bem com as pessoas
- Sou saudável
- Sou autoconfiante

Prece

O corre-corre do dia a dia, a competição, a pressa, o imediatismo, a impaciência faz querermos respostas a toque de caixa. Infelizmente, muitos procedem assim também em relação à prece, orando de forma mecânica, decorada, sem entrega e elevação. Vários Benfeitores orientam de que forma devemos orar; aqui vamos utilizar a orientação de André Luiz[47], porque vem ao encontro da proposta do livro que versa sobre mudanças: "Orar constitui a fórmula básica da renovação íntima, pela qual divino entendimento desce do Coração da Vida para a vida do coração.

Semelhante atitude da alma, porém, não deve, em tempo algum, resumir-se a simplesmente pedir algo ao Suprimento Divino, mas pedir, acima de tudo, a compreensão quanto ao plano da Sabedoria Infinita, traçado para o seu próprio aperfeiçoamento, de maneira a apro-

---

47   Francisco C. XAVIER, *Mecanismos da mediunidade*, cap. 25.

68 DESAFIOS DE MUDAR

veitar o ensejo de trabalho e serviço no bem de todos, que vem a ser o bem de si mesma."

Ao ficarmos entregues a nós mesmos, nos portamos iguais a crianças que querem fazer o que todo mundo faz, seguir os modismos, ir atrás das novidades passageiras. O ego, então, se enche de desejos criados pelos meios de comunicação, causando a impressão de que suas aquisições nos tornarão felizes e engajados no sistema. Quantos séculos andamos em círculo, repetindo costumes, sem significativas realizações. A pergunta que se faz, baseada na elucidação de André Luiz é: qual é o plano Divino para o nosso aperfeiçoamento? Este é o caminho!

CAPÍTULO 10

SENTIMENTOS ELEVADOS

Novas maneiras de pensar e agir estão emergindo mediante o progresso inevitável e irreversível do mundo, que eram impensados até pouco tempo. Será que para superar as perturbações e os sofrimentos pessoais é necessário tocar nos conflitos e nos traumas? É o que ensina Joanna de Ângelis:[48] "À medida que os sentimentos superiores da alegria e da gratidão apossam-se do indivíduo, curam-se os males que o afligem no longo percurso da imaturidade psicológica, libertando-o dos conflitos que deterioram o comportamento, facultando-lhe aprofundamento da perspicácia, da sabedoria, da compreensão da vida e da sua finalidade."

Verificamos, pela colocação da Benfeitora, que a resposta é não, pois rever e relembrar acontecimentos traumáticos não invalida o tormento. Em nossa experiência em consultório, observamos pessoas em psicoterapia que se debatem em temas que parecem ser a causa de seu sofrimento, e por mais que decomponham e recompo-

---

48 Divaldo FRANCO, *Psicologia da gratidão*, p. 56.

70 DESAFIOS DE MUDAR

nham o trauma ou conflito, pouca alteração isso traz. Em alguns casos, desatar os nós dos conflitos pode funcionar, mas em outros a mudança é necessária, a começar pelo exercício do perdão a quem nos tenha ofendido e, depois desse primeiro passo, seguirmos adiante. A Psicologia Positiva defende a ideia de que os sentimentos superiores deixam o indivíduo em um estado mais elevado. "O afeto positivo otimiza e amplia as nossas capacidades cognitivas, abre a nossa mente a novas experiências e formas de entender o mundo. É a chave das relações sociais, estreita os laços de amizade, minimiza os conflitos interpessoais e permite-nos desfrutar de uma maior rede social."[49]

No capítulo 1, discorremos acerca do baixo astral ou das indisposições que nos deixam limitados, perturbados, por isso a importância de aprendermos a exercitar os sentimentos superiores. Uma pessoa pode ter cometido um erro e tê-lo reparado, porém, se possui personalidade rígida e exigente, sente-se atormentada, pois não percebe a consumação do fato. Mas, ao entrar em um estado de calma e de paz, através do relaxamento ou da meditação, ela sai da estreiteza mental, torna-se mais lúcida, serena e, então, passa a reparar o quanto já caminhou em favor da própria evolução.

Quando sofremos um trauma, quando brigamos com alguém ou vemos uma cena chocante, fixamos, frequentemente, aquela imagem na mente durante certo tempo. Por mais que tenhamos nossos afazeres, volta e meia voltamos a pensar no sucedido. É como se o mundo se resumisse àquele evento. Aos poucos, vai diluindo e a cena perde o

---

49 A. BAPTISTA, *O poder das emoções positivas.*

Sentimentos elevados 71

seu magnetismo. E não são apenas eventos fortes que nos aprisionam, algumas situações do cotidiano também: problemas, compromissos, pendências, expectativas... Estas ocorrências favorecem a manifestação das emoções que reduzem as capacidades cognitivas, iguais à raiva, ao ressentimento, à tristeza. Diante destas reflexões, indagamos: Quais serão os percentuais de problemas e sofrimentos que vivenciamos realmente, e quais são decorrentes de nossa preferência pelo doentio?

Além das questões pessoais e interpessoais, os meios de comunicação lançam sobre os cidadãos matérias geradoras de tensão, indignação, temor, desconfiança, imoralidade, banalização da vida, desrespeito. Muitas peças de teatro e filmes tentam tornar normais as aberrações do sexo, a desunião familiar, o uso das drogas etc. Tudo contribuindo para deixar o indivíduo atordoado, sem referências do que é correto, ético, saudável, e do que é errado, incorreto, antiético e doentio.

Os textos de Joanna de Ângelis e da Psicologia Positiva apontam os caminhos dos sentimentos positivos ou elevados: amor, alegria, gratidão, esperança e serenidade como propícios ao incremento dos processos psíquicos ou mentais, entre eles: a percepção, os pensamentos, a inteligência, a memória, a motivação, o raciocínio... Nesse estado percebemos com mais realismo, sem as fantasias e os temores. A mente dilatada compreende mais, alcança os motivos, portanto aquilo que antes o atormentava, agora é insignificante. Um exemplo que envolve maturidade psicológica pode servir de ilustração. Uma pessoa pode crescer com o sentimento de inferioridade porque sua mãe a subestimava, afirmava que ela era incompeten-

72 DESAFIOS DE MUDAR

te. Quando a pessoa se torna adulta, vai procurar psicoterapia por causa da relação inamistosa que teve com a mãe, e acaba descobrindo que é inteligente, sociável, capaz, e constata que as infâmias da mãe eram decorrentes de suas perturbações pessoais.

Agora vamos a um exemplo que envolva os sentimentos elevados. Alguém que passou por algumas decepções amorosas pode criar a crença de que é desinteressante, rejeitado pelo sexo oposto, e começa a achar que não nasceu para se relacionar, que vai passar a vida sozinho. Em um momento de angústia, faz uma prece sincera, se sente elevado, inebriado de amor. Neste estado, quando pensa na crença de se achar desinteressante, não lhe confere mais importância, pois o pensamento tornou-se pequeno demais diante da grandeza dos propósitos da vida.

A expansão do conhecimento nas várias áreas do saber é sem igual na história da humanidade, ofertando-nos acesso a conhecimentos preciosos para nosso desenvolvimento pessoal. Com todo esse acervo disponibilizado para nos ajudar, falta tão somente o nosso compromisso com a melhoria pessoal e social. Os hábitos nocivos que alienam e destroem pessoas precisam ser extirpados da Terra e em seu lugar precisamos aprender hábitos saudáveis que melhorem a saúde, a lucidez, as relações, a espiritualidade... Vamos aprender a superar as ruminações que nos prendem a um círculo vicioso, vamos cultivar ideias e sentimentos elevados: autoamor, amizade, gratidão, alegria e paciência.

Capítulo 11

Satisfação com tudo

Joanna de Ângelis[50] coloca que "A primeira demonstração de lucidez e equilíbrio da criatura é a satisfação ante tudo quanto a vida lhe concede."
   A satisfação é contentamento, alegria, deleite, júbilo, prazer, regozijo... Você está satisfeito com sua vida? Com qual frequência? E a insatisfação, é algo constante? A satisfação depende do modo como interpretamos as coisas. A Terapia Cognitiva considera que "... a interpretação que o indivíduo faz de um evento determina como ele se sente e se comporta."[51] Isso quer dizer que não é uma situação, necessariamente, como o emprego estressante ou uma viagem chata que traz a insatisfação, mas como se enxerga isso. É claro que um emprego não desejado, que não traz realização é maçante. Mas, o que o empregado pensa dele pode torná-lo mais horrível do que é. Tem muita gente fazendo o que não gosta, no campo profissional, e nem por isso vive um inferno.

---
50 Divaldo FRANCO, *Plenitude*, p. 34.
51 R.L. LEAHY, *Técnicas de terapia – cognitiva manual do terapeuta*, p. 24.

74 Desafios de mudar

Provavelmente, você conheça alguém que reclame de tudo, nada satisfaz. É alguém insaciável que precisa ser agradado o tempo todo. Será que o mundo é tão ruim assim de modo que não exista nada, aos olhos dessa pessoa, que seja interessante, bonito, prazeroso, ou será que ela perdeu a capacidade de apreciar as coisas? O que ela carrega em seu mundo interior que tende a ver tudo pela lente embaçada e escura? Essa pessoa perdeu a objetividade de distinguir o que é real do que é irreal, porque ela vê o mundo conforme seus tormentos internos.

É preciso considerar essa distorção na avaliação dos acontecimentos da vida não como um defeito permanente da personalidade, não inerente à sua essência, uma vez que é fruto da imaturidade e das experiências desastrosas que deixam marcas em forma de intolerância, irritabilidade, desilusão, apatia, um estado em que as coisas ficam desinteressantes. Os pensamentos e as emoções estão desorientados.

No processo evolutivo é inevitável passar por estas situações, fazem parte do aprendizado e do desenvolvimento pessoal. Fomos criados *simples* e *ignorantes*, sem experiências e sem conhecimentos, portanto, erros, insucessos, sofrimentos e acertos, sucessos e alegrias são naturais. Os erros ajudam no desenvolvimento individual, porque para corrigi-los é preciso mobilizar os recursos psíquicos como a inteligência, a criatividade, o raciocínio, de modo a aprimorá-los. Quanto mais aperfeiçoada, mais ampla fica nossa percepção da realidade.

No estágio evolutivo que nos encontramos, não somos mais guiados pelos instintos, já desenvolvemos valores que ultrapassam o egocentrismo, como a amizade, a

Satisfação com tudo 75

responsabilidade, a generosidade, a justiça, a felicidade...
A vida não se resume em atender somente aos caprichos
pessoais, que não saciam e nem eliminam os tormentos
não enfrentados. Com isso, as coisas vão ganhando significado, as experiências passam a ter outro valor. O limite,
a dor, a falta, a restrição, não são vistos mais como forma
de punição, azar, antivida, maldição, mas como instru-
mentos de aperfeiçoamento do Espírito.

Do mesmo modo a beleza, a riqueza, a força física,
a saúde são oportunidades da vida para aprimoramento
pessoal. Os acontecimentos não são acidentais, tudo segue um programa evolutivo. A criatura obtusa vê falha
em tudo, nada tem valor, não confia em quase ninguém,
tudo conspira contra ela, acha que o pior vai acontecer,
enfim, o mundo é uma grande bagunça sem solução.
Contrariamente a essa estreiteza mental, como salienta
Joanna de Ângelis, o sujeito lúcido e equilibrado, o que
quer dizer também que não tenha mais confusão e tormento interno, vê as ocorrências da vida com satisfação
porque sabe que tudo concorre para a melhoria dele, dos
outros e do mundo.

CAPÍTULO 12

SOLIDÃO OU SOLIDARIEDADE?

A internet e o celular são tecnologias de ponta que possibilitam a aproximação das pessoas tornando o mundo pequeno. Com ligação instantânea, falamos com qualquer cidadão em qualquer lugar: na cidade, em outro país, em meio a uma reunião, no carro, no campo... Os parentes e amigos que estejam em outras cidades ou outros continentes conversam, via *skype*, como se estivessem no mesmo ambiente. Mesmo com tantas facilidades de comunicação, muita gente amarga a condição de estar sozinha.

Quero falar de três condições de solidão: a subjetiva, a presencial e o autoencontro. Essa divisão não é rigorosa, por vezes se justapõe, é apenas para facilitar o entendimento. No primeiro caso, a subjetiva, o indivíduo pode estar rodeado de pessoas e se sentir só. No segundo, o sujeito não desfruta da presença de afetos e, na terceira, faz parte da busca de autoconhecimento. Vamos detalhar:

Solidão subjetiva

Não é a falta de pessoas e afetos que caracteriza esse estado, aliás não é incomum encontrar criaturas em meio a muitas pessoas sentindo-se sozinhas. Não é um pensamento reflexivo: "estou sozinho", "não tenho ninguém", "não quero contato com pessoas". É um sentimento de solidão, de estar abandonado. O sujeito se sente vazio, sem nada, e isolado no meio da multidão.

Presencial

Aqui se trata da dificuldade de manter relações afetivas e sociais. É difícil conviver com outros indivíduos, falar de si e escutar o outro. Essa pessoa pode se sentir insegura, tímida, desinteressante e ridícula. Considerar suas observações e opiniões sem importância, achar que ninguém liga para ela.

As categorias "solidão subjetiva" e "presencial" podem ter as mesmas causas na vida presente e em encarnações passadas.

O sentimento de solidão ou a dificuldade de se relacionar podem ter origem na infância por vários motivos: abandono, rejeição, privação afetiva, falta de amizade, de liberdade de expressão, maus tratos, crianças deixadas sozinhas enquanto os pais trabalham.

Quando a nascente do tormento não é gerada na infância e em idades posteriores, a causa pode estar em vida passada que aparece como expiação, por conta dos tormentos praticados na vida alheia. Provavelmente, este indivíduo abandonou ou fez pessoas sofrerem, gerando

78 DESAFIOS DE MUDAR

consciência de culpa e a reverberação dos sentimentos de ódio de suas vítimas.

Autoencontro

Na terceira modalidade não se trata de solitude e distúrbio, mas sim, de tempo para tomar contato consigo mesmo, com o que pensa, sente e faz. Pode ser uma opção prazerosa. Está mais relacionado ao autoconhecimento.

Toda experiência significativa na vida do sujeito é de âmbito causal, uma vez que a Lei de Causa e Efeito vige na vida do indivíduo ordenando sua evolução: "Todo acontecimento que tem significado existencial decorre de fato anterior que lhe desencadeou as consequências agora experienciadas...", salienta Joanna de Ângelis.[52]

Assim sendo, as dificuldades podem ser entendidas como heranças de condutas de experiências em outras vidas, ou se referirem às questões da vida atual.

As distrações sociais são insuficientes para curar a solidão, sendo apenas paliativos anestesiantes, uma vez que somente o crescimento pessoal saneia a personalidade, como propõe Joanna de Ângelis[53]: "O homem solidário, jamais se encontra solitário."

Solidário é o ser humano "pronto a consolar, apoiar, auxiliar, defender ou acompanhar alguém em alguma contingência"[54]. Veja que a definição propõe que a pessoa não fique sozinha, que tenha contato com o próximo.

---

52 Divaldo FRANCO, *O amor como solução*, p.111.
53 Idem, *O Homem integral*, p. 30.
54 *Dicionário Houaiss da língua portuguesa*.

O homem solidário está sempre em contato com os outros e com o mundo, distante do egocentrismo, de pensar somente em si mesmo, e de achar que os seus problemas são os mais complicados e insuperáveis do universo. A personalidade solidária não tem tempo para remoer os dramas individuais e entrar em fixações mentais perturbadoras.

Por outro lado, o indivíduo solitário é aquele que constantemente está centralizado em si mesmo de forma doentia e, portanto, afastado dos outros.

Capítulo 13

Você atrai o que em sua vida?

Estamos o tempo todo atraindo situações ou afastando-as achando que esta sucessão de acontecimentos seja casual, sem perceber qual é o nosso papel nessa história. Passamos por momentos que ilustram bem o que estamos falando. Na lista abaixo, veja se você se identifica com alguma fala:

- Uma pessoa com baixa autoestima consegue atrair alguém para namorar?
- Uma pessoa com sentimento de inferioridade consegue um bom emprego?
- Uma pessoa com insegurança consegue assumir uma liderança?
- Uma pessoa que se acha azarada espera o melhor da vida?
- Uma pessoa que é desleal consegue boas amizades?
- Uma pessoa que é medrosa enfrenta a vida?

A tendência do sujeito negativo é atrair situações desagradáveis, mas nada impede que ocorrências boas contrastem com a tendência. No entanto, o indivíduo sofre

Você atrai o que em sua vida? 81

com a situação porque ele não se sente hábil para tal, ou deixa a oportunidade ir embora.

Estas condições por si sós são tormentosas e deixam qualquer um desgostoso com a vida, já que o sujeito é constantemente arremetido aos dramas pessoais. O mundo, então, passa a ser ameaçador. A vivência continuada neste padrão não harmônico vai desgastando e condicionando a vítima a acreditar que a sua vida é isso: medo, insegurança, desamor... Essa lógica sustenta que alguns nasceram para brilhar, ser felizes, ter sucesso, enquanto outros para viverem à margem, entregues à desdita.

Para os Espíritas, a vida não é um acidente que derrama sorte ou azar pelo caminho, criando, com isso, as pessoas de boa sorte e as de má sorte independentemente dos esforços ou da inércia pessoal. Miranda assevera que "Cada espírito é legatário de si mesmo. Seus atos e sua vida anterior são os plasmadores da sua nova existência corporal, impondo os processos de reabilitação, quando em dívida, ou de felicidade, se em crédito, sob os critérios da Divina Justiça."[55]

Portanto, o conteúdo da lista acima é o retrato das realizações pessoais que aparecem ou reaparecem como a colheita que instrui o semeador a observar o que cultiva.

Sabendo que a vida não é resultado do acaso, mas que é regido pela Lei de Causa e Efeito, como disserta Miranda, há motivos para a alegria e a esperança por saber que as Leis da vida promovem o melhor para todos os seres.

Entendendo que a lista acima é algo que o próprio indivíduo provocou em sua vida, com seus equívocos, o

---

55 Divaldo FRANCO, *Temas da vida e da morte*, p. 37.

82 DESAFIOS DE MUDAR

Espiritismo ensina que as boas realizações trazem as conquistas construtivas em sua vida e na sociedade, são os bons frutos da autoestima saudável, do sentimento de ser capaz, de autoconfiança, da boa expectativa, da coragem e da lealdade.

Esta conduta salutar, além de trazer mudanças na personalidade, atrai Espíritos bondosos que vão se simpatizar por seus esforços, como diz Joanna de Ângelis:[56] "... os valores elevados do sentimento, da conduta e do desenvolvimento mental atraem os Espíritos sérios e dignos que desejam contribuir em favor do progresso do medianeiro como da sociedade em geral."

Por sua vez, a pessoa que parecia ser uma infortunada da vida, açoitada pelas circunstâncias, posteriormente, ao adotar a conduta salutar, tornou-se tal qual protagonista de sua marcha ascensional. Do ponto de vista psicológico, ela saiu da infância emocional – da reclamação e do choro, e passou a enfrentar as questões de sua vida de forma sensata.

A propósito da explanação da benfeitora, o livro *Árdua Ascensão* narra a saga de uma família que passou por provas difíceis e que a postura edificante trouxe a simpatia de benfeitores espirituais: "O hábito das conversações sadias, o exercício da meditação, as leituras edificantes e as preces ungidas de ardente fé, passaram a atrair Espíritos visitadores que, informados dos esforços que os irmãos envidavam por adquirirem uma situação superior de vida, ali permaneciam em tertúlias ou repousos dos

---

56 Divaldo FRANCO, *Dias gloriosos*, p. 166.

Você atrai o que em sua vida? 83

seus muitos que fazeres, saneando, com as suas irradiações mentais, a psicosfera ambiente."[57]

E para concluirmos este capítulo, citamos o Benfeitor Alexandre[58] que alerta quanto ao valor da conduta reta, saudável, da elevação de pensamento, visando à companhia de espíritos com bons propósitos que nos ajudem a aprimorarmos espiritualmente: "...o intercâmbio do pensamento é movimento livre no Universo. Desencarnados e encarnados, em todos os setores de atividade terrestre, vivem na mais ampla permuta de ideias. Cada mente é um verdadeiro mundo de emissão e recepção e cada qual atrai os que se lhe assemelham. Os tristes agradam aos tristes, os ignorantes se reúnem, os criminosos comungam na mesma esfera, os bons estabelecem laços recíprocos de trabalho e realização."

Este capítulo mostra que não somos neutros no que atraímos ou afastamos de nós, o mundo responde às nossas solicitações. Então, quais são suas escolhas?

---

57 Idem, *Árdua ascensão*, p. 120.
58 Francisco C. XAVIER, *Missionários da luz*, p. 57.

Capítulo 14

Mundo patológico

Jesus falou das muitas moradas na casa do Pai, que é a vida em outros planetas, galáxias, universos que mal conseguimos alcançar. Os Benfeitores informam: "...que os diversos mundos possuem condições muito diferentes uns dos outros, quanto ao grau de adiantamento ou de inferioridade dos seus habitantes."[59] Isso explica a diversidade de capacidades entre as pessoas, desde o homem primitivo que inicia sua trajetória no reino hominal até a genialidade do sábio. Na mesma obra os Benfeitores ilustram, de modo geral, as categorias dos mundos da seguinte forma: "mundos primitivos, onde se verificam as primeiras encarnações da alma humana; mundos de expiação e de provas, em que o mal predomina; mundos regeneradores, onde as almas que ainda têm o que expiar adquirem novas forças, repousando das fadigas da luta; mundos felizes, onde o bem supera o mal; mundos celestes ou divinos, morada dos Espíritos purificados, onde o bem reina sem mistura. A

---
59 Allan KARDEC, *O evangelho segundo o espiritismo*, p. 53.

Mundo patológico **85**

Terra pertence à categoria dos mundos de expiação e provas, e é por isso que nela o homem está exposto a tantas misérias." Por isso a predominância das doenças, do sofrimento, da maldade, dos crimes que estão em consonância ao estado moral de uma grande parte dos habitantes do Planeta. Tanto é assim que as disciplinas destinadas a cuidar do ser humano têm se debruçado quase que exclusivamente ao estudo das doenças físicas e das perturbações psíquicas, mais do que ao estudo da saúde e do equilíbrio, da alegria, da esperança. Em nossa área de atuação, a psicologia, o psicólogo Abrahan H. Maslow atento a esta questão já havia formulado: "...é como se Freud nos tivesse fornecido a metade doente da Psicologia e nós devêssemos preencher agora a outra metade sadia.

Talvez essa Psicologia da Saúde nos proporcione mais possibilidades para controlar e aperfeiçoar as nossas vidas e fazer de nós melhores pessoas. Talvez isso seja mais proveitoso do que indagar 'como não ficar não-doente."[60]

Por conta dessa visão, em vez de Maslow se deter apenas ao estudo dos comportamentos neuróticos para conhecer o ser humano e ajudá-lo, ele queria saber como as pessoas autorrealizadas, superiores, psicologicamente sadias funcionam, como percebem, como se comportam frente às questões da vida. O neurótico, nós já sabemos como se porta: diante de desafios é melindroso, irritadiço, agressivo, evasivo. E uma pessoa saudável, como faz? Precisamos aprender com modelos sadios.

---

60 A. MASLOW, *Introdução à psicologia do ser*, p. 30.

86 DESAFIOS DE MUDAR

Em seguida à proposta corajosa de Maslow, o psicólogo Martin Seligman propõe a Psicologia Positiva, que tem a mesma linha de pensamento, estudar as qualidades humanas ou os sentimentos positivos. A psicologia positiva é definida como "o enfoque científico e aplicado da descoberta das qualidades das pessoas e da promoção de seu funcionamento positivo."[61]

Com esta proposta, vários acadêmicos começaram a fazer pesquisas sobre os sentimentos positivos e o efeito sobre o corpo, as ideias, as emoções e o comportamento. A propósito, Seligman chama atenção para o fato da ciência procurar diminuir ou eliminar a dor sem se preocupar em proporcionar uma vida saudável, vejamos sua assertiva: "Ao que parece, o alívio dos transtornos que tornam a vida miserável fez diminuir a preocupação com situações que fazem viver valer a pena. Mas as pessoas querem mais que apenas corrigir suas fraquezas; querem vidas cheias de significado, e não somente um dia depois do outro até a morte."[62]

O Planeta está passando por transformações radicais, porque vai passar de planeta de expiações e provas para planeta de regeneração, que é uma condição mais evoluída, mudando o paradigma da predominância do mal, das doenças, das perturbações, da imoralidade para valores mais elevados como fraternidade, honestidade, esperança, espiritualidade, ética… Um exemplo dessa postura se apresenta por meio de vários movimentos de preservação

---

61 C.R. SNYDER, *Psicologia positiva – uma abordagem científica e prática das qualidades humanas*, p. 17.

62 Martin E.P. SELIGMAN, *Felicidade Autêntica usando a nova psicologia positiva para a realização permanente*, p. 11.

Mundo patológico 87

da natureza, dos animais, da preocupação com a educação, com a alimentação, com a família.

No paradigma vigente temos uma forma de olhar para a realidade viciada, enxergando algumas coisas e outras não. Há declarações e livros de pessoas de várias áreas do saber afirmando que a felicidade é uma ilusão, que o mundo não tem solução, que estamos regredindo, que não existe Deus. Estes doutos estão asfixiados pelo paradigma em voga e pensam que deram a última palavra para a verdade e a realidade. Vejamos a descrição que o psiquiatra Grof dá acerca desse paradigma, como este modela a visão da realidade: "Um paradigma pode ser definido como uma constelação de crenças, valores e técnicas compartilhadas pelos membros de uma determinada comunidade científica.

Quando um paradigma é aceito pela maioria da comunidade científica, torna-se a forma mandatória de abordar problemas. A essa altura, tende a ser confundido como uma descrição apurada da realidade, em vez de ser visto como um mapa útil, uma aproximação conveniente e um modelo para organização dos dados disponíveis num certo momento.

Enquanto o paradigma for considerado verdadeiro, somente os problemas que tiverem solução provável serão considerados legítimos... Os paradigmas possuem tanto uma influência normativa quanto cognitiva, e contêm ainda afirmações a respeito da natureza e da realidade, definindo também o campo de problemas permissíveis, determinando os métodos de abordagem

88 Desafios de mudar

aceitáveis e estabelecendo os critérios-padrões de solução."[63]

Simplificando essa declaração, o paradigma determina o que você enxerga e quais problemas podem ser abordados. No planeta de expiação e prova o destaque recai sobre o mal, a doença, as catástrofes, a corrupção, a fraude... À medida que a humanidade melhora, os saneamentos sociais vão desconstruindo os esquemas de fraudes, corrupção, privilégios, prevaricação, que sustentam o *paradigma doente*, no qual somos induzidos a enxergar somente o lado ruim e difícil das coisas, acreditando que sempre será assim, que não tem solução.

No entanto, com as devidas mudanças, com a desintoxicação dos valores materialistas doentios, começaremos a construir nova realidade onde se contempla possibilidades, boas expectativas, lealdade, amizade, fraternidade, alegria genuína, confiança no próximo, honestidade social, saúde, amizade... Não que isso não exista na Terra, sim existe, mas não predomina.

Além disso, a imagem de pessoa séria e responsável confunde-se com a imagem de pessoa sisuda, carrancuda, introspectiva, beirando o mau humor, como se isso fosse qualidade.

Nós trabalhamos em uma empresa onde o presidente não gostava que os funcionários conversassem nas horas do intervalo, pois tinha medo que eles tramassem contra a empresa. Ele transferia sua paranoia para os funcionários.

---

63 Stanislav GROF, *Além do cérebro.*

Em outra empresa multinacional, o diretor gritava e distratava os funcionários publicamente. Hoje isso é chamado de assédio moral, na época não havia essa proteção ao servidor. Quantas empresas têm por recepcionistas, homem ou mulher, pessoas mal-humoradas, ríspidas, de cara amarrada? Acredito que no futuro as empresas, ao contratarem funcionários, irão pedir atestado de bom humor.

As empresas ainda não sabem que um trabalhador carrancudo, briguento, mal-humorado irradia energias perturbadoras e atrai desencarnados malévolos que deixam a psicosfera da empresa tóxica, pastosa, suscetível de provocar acidentes, brigas, quebrar equipamentos... As empresas doentes, medíocres, que exploram seus empregados favorecem essas desordens. As empresas sadias, espiritualizadas, valorizam seus "colaboradores", mantêm o clima de cordialidade e amizade.

Joanna de Ângelis[64] ensina que "A capacidade de manter o senso de humor nas mais variadas oportunidades resulta do amadurecimento psicológico..." É muito mais agradável e leve conversar com uma pessoa bem-humorada, pois a conversa flui sem provocações e disputas.

Vejam que a Benfeitora conceitua esse comportamento como resultado de amadurecimento psicológico! Podemos dizer que o mal-humorado é imaturo e doente!

Para finalizar, deixo outra reflexão da Benfeitora[65] que corrobora: "A alegria é a mensagem mais imediata que caracteriza um ser saudável."

---

64 Divaldo FRANCO, *Amor, imbatível amor*, p. 132.
65 Idem, *O despertar do espírito*, p. 71.

CAPÍTULO 15

AMAR TUDO QUE SE FAZ

Não são poucas as pessoas que fazem o que não gostam em várias áreas de suas vidas. Será que a atividade é enfadonha ou a pessoa se aborrece facilmente? É possível ambas e outras variáveis também. Porque é possível gostar do que se faz e se entediar. É possível gostar do que se faz e não se entediar. É possível não gostar do que se faz e se entediar. É possível não gostar do que se faz e não se entediar.

Não é a atividade em si que traz alegria ou enfado, mas o modo como o sujeito encara a situação. É claro que há atividades desgastantes, desinteressantes, estressantes que causam enfado, mas não é raro encontrar pessoas entusiasmadas com elas. Há criaturas que trabalham em ambientes de lazer ou têm dinheiro e não precisam trabalhar e vivem enfadadas.

Quantas pessoas mudam de cidade, de país, de cônjuge, de emprego esperando, em vão, sair do aborrecimento e ser mais feliz? Elas pensam que o problema é externo e geográfico, sem olhar a própria inquietação.

Se ao longo da vida sofremos algum trauma, uma decepção, um bloqueio e tantas outras experiências aflitivas, assim também traumas de vidas passadas, que nos levam a enxergar as coisas de forma distorcida, podemos sair dessa submissão buscando superar tais restrições e ampliando nossos conhecimentos e atitudes a fim de perceber com clareza a vida e dar-lhe o seu devido valor.

Há indivíduos que em suas atividades não contêm o mau-humor, a irritação, a rispidez e assim, agridem seus colegas tornando o ambiente insuportável. Alguns até afirmam: "eu sou assim e não vou mudar", "vão ter que me engolir", como se o mundo tivesse que suportá-los. Estas pessoas não se dão conta de que seu mau-humor somatiza, adoece o corpo, além de predispor o seu portador a energias negativas, atraindo espíritos atormentados, levando ao suicídio indireto e afastando os parentes e amigos. E quando essas consequências adquirem relevância na vida do indivíduo, perde-se a "valentia", então a arrogância, a onipotência de se achar intocável e destemido começam a se diluir. Existem pessoas com comportamento "valentão" que gritavam, agrediam, desprezavam, batiam nos outros, e hoje podem estar curvados diante de um AVC, de um transtorno do pânico, de uma paralisia, de um tumor.

A título de exemplificação, citamos o caso de André Luiz (espírito)[66] em narrativa a respeito de sua última trajetória física, de que temos conhecimento, em que é advertido pelos médicos espirituais acerca da doença pela qual ele desencarnou, que não teria se agravado tanto, se

---

66 Francisco C. XAVIER, *Nosso lar*, p. 33.

92 DESAFIOS DE MUDAR

seu comportamento tivesse sido mais cordial. Esclarecem os Benfeitores: "...seu modo especial de conviver, muita vez exasperado e sombrio, captava destruidoras vibrações naqueles que o ouviam. Nunca imaginou que a cólera fosse manancial de forças negativas para nós mesmos? A ausência de autodomínio, a inadvertência no trato com os semelhantes, aos quais muitas vezes ofendeu sem refletir, conduziam-no frequentemente à esfera dos seres doentes e inferiores. Tal circunstância agravou, de muito, o seu estado físico."

Além disso, no Planeta, o interesse pelos prazeres e o desejo de se sentir engajado em nosso meio leva o descaso ao corpo e à existência, como se fossem secundários. Em nome dos modismos, pessoas agridem seus corpos, alteram, intoxicam, se excedem de modo a desajustá-los a ponto de perderem seu funcionamento normal. Depois recorrem a próteses e medicamentos para conseguir controlá-los!

Como se observa, a relação não amistosa com nossas atividades só traz problemas e perturbações; precisamos ter uma relação construtiva, leve e amorosa. É o que propõe Joanna de Ângelis:[67] "O ato de aprender a amar tudo quanto se faz, a realizar tudo quanto se gosta, a repartir com todos as alegrias e esperanças da vida em triunfo, dá significado pleno ao ser existencial, que agora pode fazer tudo quanto Jesus realizou, identificando-se com Deus."

Paralelamente a essa orientação, citamos o pensamento do Benfeitor Aniceto[68] que ensina: "Tudo tem algum proveito... Nosso Pai nada cria em vão."

---

67 Divaldo FRANCO, *Vida: desafios e soluções*, p. 64.

68 Francisco C. XAVIER, *Os mensageiros*, p. 296.

Ao associarmos as duas diretrizes, a de Joanna de Ângelis e a de Aniceto, entendemos que tudo que fazemos tem a sua importância, porém, nem sempre alcançamos seu significado. Quando estamos em movimento: trabalhando, lendo, conversando, gerenciando, nossos potenciais pessoais e nossas capacidades já desenvolvidas por si sós já estão sendo estimuladas e aprimoradas respectivamente, o que significa progredir. No entanto, A Benfeitora propõe ainda adicionar o amor a essas tarefas, como forma de enriquecê-las de substância vital.

O exercício e a exteriorização do amor têm a capacidade de nos empolgar, deixar vivos, ao mesmo tempo que satura dessa empolgação amorosa a nossa ação. Nesse estado de plenitude, como fica o enfado? Desaparece, adeus enfado! Assim, a vida e as situações perdem seu aspecto sombrio e ganham luminosidade.

Em seu texto, Joanna de Ângelis igualmente propõe *realizar tudo quanto se goste*, uma iniciativa que parece óbvia, mas que na prática não acontece. Seguem, abaixo, algumas atividades a que o ser humano se submete, porém desagradáveis, desnecessárias:

- Quantas pessoas se obrigam a ir todos os domingos ao almoço de família, sem vontade, e que acaba saindo discussões e ofensas? Não é possível espaçar esses encontros para se tornarem menos desagradáveis?
- Muita gente acha que pelo fato de ter tido uma formação acadêmica, nem sempre escolhido por vocação, tem de seguir essa profissão insatisfatória até o fim da vida! Não é possível fazer outra formação ou mudar de atividade e se realizar?

94 Desafios de mudar

- Algumas criaturas fazem o que não gostam somente para agradar e por pressão dos outros, por exemplo: beber, fumar, ir a lugares ou viajar sem prazer.
- Quantos trabalhadores da Casa Espírita colaboram em áreas que não gostam, em vez de escolher uma tarefa na qual se sintam mais felizes?

Mas, há situações que de alguma forma são inevitáveis: você pode trabalhar na área que escolheu e que se realiza, mas ter contato com pessoas desagradáveis no trabalho; um sujeito que não gosta de cerimônias, por exemplo, se for convidado para ser padrinho de casamento de uma pessoa muito querida não poderá se esquivar! Exceções existem, mas o importante são as situações que podem ser escolhidas e o cidadão não faz!

Consciente de que podemos fazer *escolhas,* elas são úteis porque nos enriquecem, trazem bem-estar, motivação, alegria, esperança, além de representarem um antídoto contra o baixo astral, a depressão, a angústia, a apatia e seus tormentosos iguais. Então, se você gosta de cinema e de teatro, é possível ir no mínimo uma vez por mês? Seu interesse é comprar livros, você se presenteia? Sua predileção é a gastronomia e gosta de chamar os amigos para um jantar, o que o impede? Você quer dar aula de Espiritismo, que tal se preparar e se candidatar? Buscando estas atividades gratificantes seremos mais amistosos, mais afetivos, mais alegres.

CAPÍTULO 16

TERAPIA DA REENCARNAÇÃO

As várias escolas psicológicas têm contribuído verdadeiramente para a superação de perturbações pessoais, para a busca de novas maneiras de agir diante dos desafios da vida, tornando a existência mais significativa. Na psicoterapia, o cliente aprende a se conhecer, a lidar com questões pessoais, a interagir bem mais com os outros e a sociedade. Toma contato com suas qualidades e com suas dificuldades.

O instrumento desse empreendimento é a psicoterapia, definida assim: "Refere-se a uma variedade de meios psicológicos usados para remediar os distúrbios mentais, emocionais e comportamentais. Isto pode ocorrer em entrevistas individuais, em que paciente e terapeuta exploram verbalmente conflitos, sentimentos, lembranças e fantasias do paciente, a fim de chegar à compreensão dos problemas impendentes."[69]

Além de tratar as dificuldades e perturbações pessoais, o psicólogo Seligman ainda propõe: "A psicologia não é ape-

---

69   W. ARNOLD, W., EYSENCK; H.J., R. MEILI, *Dicionário de psicologia*, p. 184.

96 Desafios de mudar

nas o estudo da fraqueza e do dano, mas também o estudo da qualidade e da virtude. Tratar não significa apenas consertar o que está com defeito, mas também cultivar o que temos de melhor."[70]

A cada dia mais, a psicologia avança com pesquisas em várias áreas para bem mais conhecer o ser humano. A psicoterapia trabalha o indivíduo desde o seu nascimento até a morte, esse é seu domínio. Além das escolas tradicionais, existem abordagens como a Terapia de Vidas Passadas e a Psicologia Transpessoal que vão além do âmbito material e reconhecem a instância espiritual do ser humano. Nesta acepção, Joanna de Ângelis[71] fala da psicoterapia praticada por Jesus: "A psicoterapia que Ele utilizava era centrada na reencarnação, por saber que o homem é o modelador do próprio destino, vivendo conforme o estabeleceu através dos atos nas experiências passadas."

A psicoterapia centrada na reencarnação trata de um ser que não se resume a corpo físico e nem é determinado pelo ambiente e pela genética, embora seja influenciado por tais componentes. Os acontecimentos não são obras do acaso, da sorte ou do azar, mas de suas ações. Para descrever as características dessa individualidade nos valemos da contribuição de Kardec:[72]

O mundo que este indivíduo habita foi criado por Deus, como tudo no Universo e não pelo Big Bang. Sua verdadeira pátria é o mundo espiritual, e o mundo físico serve para reencarnar e progredir.

---

70 M.E. P. SELIGMAN, *Psicologia positiva*, p. 18.
71 Divaldo FRANCO, *Jesus e atualidade*, p. 19.
72 Allan KARDEC, O *livro dos espíritos*, cap. 6.

Terapia da reencarnação   97

O ser humano se compõe de três partes:

1. corpo físico, perecível;
2. espírito imortal;
3. corpo espiritual ou perispírito, que permite ao Espírito ligar-se ao corpo físico, por meio da encarnação.

Como fomos criados em tempos diferentes, simples e ignorantes, sem experiências e conhecimentos, é natural que haja os mais evoluídos e os menos adiantados, por isso a diversidade de evolução que decorre das experiências.

A evolução é realizada por meio da reencarnação que é sempre progressiva e jamais retrógrada, objetivando passar o indivíduo por provas, repetidas vezes, para evoluir. Quando reencarnamos trazemos em nosso inconsciente os registros de milhares de existências anteriores, portanto não somos *tabula rasa* como querem alguns pensadores. Os traços, as tendências, as qualidades, as deficiências da personalidade são decorrentes das escolhas e das experiências de cada pessoa, devendo a si mesmo o modo como se encontra. Como assevera Dr. Bezerra de Menezes:[73] "Cada indivíduo é a história viva dos seus atos passados. A soma das suas experiências modela-lhe o caráter, as aspirações, o conhecimento e a responsabilidade moral."

Na vida física somos influenciados pelos registros que trazemos em nosso inconsciente, de experiências anteriores, relacionadas à sociedade, a pessoas desencarnadas que fazem parte da vida extrafísica, mostrando que há uma interação constante entre essas duas sociedades – a material

---

73 Divaldo FRANCO, *Tormentos da obsessão*, p. 23.

98 Desafios de mudar

e a espiritual. Isso significa que muitas supostas patologias estão ligadas a esse processo de influenciação recíproca denominado obsessão espiritual.

É importante salientar que tal ascendência não ocorre em uma só vertente. Então, vejamos:

1. de desencarnado para encarnado – um ou vários espíritos assediam o encarnado por meio de várias técnicas obsessivas, objetivando prejudicá-lo.

2. de encarnado para desencarnado – um encarnado que "perdeu" uma pessoa querida ou um desafeto cobra a presença do desencarnado através da saudade doentia ou desejando o mal dele.

3. de encarnado para encarnado – é comum ver pais hostilizando um filho, comparando-o pejorativamente a outros irmãos. Cônjuges que se menosprezam, que se maltratam; empregadores que perseguem funcionários, impedindo seu crescimento, humilhando-os publicamente, são também exemplos de obsessão de encarnado para encarnado.

4. de desencarnado para desencarnado – há desencanados que esperam seu inimigo desencarnar para poder persegui-lo na vida espiritual, como há encarnado que ao desencarnar vai atrás de seu inimigo desencarnado a fim de prejudicá-lo. Existem desencarnados que se perseguem há séculos.

5. obsessão recíproca (nas quatro combinações possíveis) – aqui os envolvidos assediam-se mutuamente.

6. auto-obsessão (encarnado ou desencarnado) – é o tormento que o indivíduo pratica a si mesmo.

Lembramos que durante o sono, os muitos sonhos que acreditamos ter, na realidade, são desdobramentos ou projeções astrais, ocasião em que o encarnado sai fora do corpo e adentra regiões espirituais diversas, dependendo de seus interesses, encontrando amigos ou desafetos, resultado muitas vezes das ligações espirituais que estabelece.

Mecanismo similar ocorre quando o indivíduo desencarna, uma vez que é albergado em locais condizentes com seu estado pessoal de equilíbrio ou desequilíbrio, merecimento, intervenção a seu favor ou não. Cada caso tem suas particularidades. Muitos desencarnados por rebeldia não querem receber ajuda, preferem manter seus caprichos, vícios, perseguições, vinganças. Ao espírito cabe escolher ser tratado, ser recebido por amigos e parentes ou ser alvo de inimigos.

A psicoterapia centrada na reencarnação leva em conta o ser imaterial, imortal, perfectível, multiexistencial, multidimensional, com faculdades mediúnicas em evolução constante. Para compreendê-lo é preciso conjugar passado, presente e futuro, uma vez que os feitos do passado permeiam a personalidade como heranças pessoais em forma de limites e sofrimentos ou qualidades e equilíbrio.

No momento, enfrentamos as ocorrências cotidianas de ordem pessoal, familiar, social, profissional, assim também os insucessos, a alegria, a tristeza que exigem a utilização de nossas capacidades. Quanto mais utilizamos conscientemente nossos conhecimentos mais amplos se tornam nossos recursos. Com isso ficamos mais aptos a enfrentar o reflexo das vidas anteriores que aparecem em

100 Desafios de mudar

forma de doenças, desequilíbrios, confusão, insegurança, medo, dificuldades, mas também em forma de qualidades, aptidões etc.

Ao aproveitar a vida para crescer, o sujeito se prepara para os embates que certamente virão. E ao enfrentar o presente e os reflexos do passado o indivíduo aprende mais, se fortalece e engendra um futuro mais promissor e amplo.

Em acréscimo, asseveramos que por conta da monovisão da ciência materialista, que não vai além da materialidade, dos cinco sentidos e da vida única, as doenças graves, as limitações, as dores parecem despropositadas, injustas, gerando revolta e descrença nos homens de ciência, faltando a eles a chave explicativa que o Espiritismo traz – a imortalidade e a reencarnação.

Capítulo 17

Certeza em Deus

Em *O Livro dos Espíritos*, na pergunta 13, fala-se sobre os atributos de Deus, entre eles consta que Deus "É soberanamente justo e bom. A sabedoria providencial das leis divinas se revela nas menores como nas maiores coisas, e esta sabedoria não nos permite duvidar da sua justiça, nem da sua bondade."

Aqui estão as respostas para uma vida edificante, da confiança que o melhor sempre acontece, que estamos amparados e somos amados. Se a maioria de nós confiássemos neste ensinamento não sofreríamos tanto e compreenderíamos melhor a vida e a sociedade. O Universo é criação de Deus, tudo que promana Dele é perfeição, é o melhor, é bom. Nesse sentido, afirma Joanna de Ângelis:[74] "O homem que crê, tem muito mais possibilidades, nos vários compromissos existenciais, do que aquele que vive atormentado pela dúvida ou que, simplesmente não crê."

Nossas incertezas e medos criam expectativas catastróficas que aprisionam, e ao olhamos ao redor focamos

---
74 Divaldo FRANCO, *Triunfo pessoal*, p. 168.

102 Desafios de mudar

motivos que reforçam ainda mais nossas dúvidas. Como vemos muitos sofrimentos e desastres, temos a impressão de que estamos deserdados. Queremos um Deus que atenda a nossos caprichos, caso contrário, duvidamos de Sua bondade. Esperamos ser atendidos com muitas alegrias, prazeres, dinheiro, saúde, viagens, poder... Pensamos e nos comportamos como se fôssemos o corpo físico perecível, com nossos desejos e interesses egoicos provenientes dos padrões sociais.

Com essa visão limitada da vida única, queremos gozar o máximo a existência, porque, como diz o refrão popular "dessa vida nada se leva". É importante lembrar que as Leis Divinas atendem ao ser Imortal, não apenas o homem carnal, que traz em sua bagagem os débitos e créditos de suas realizações gerando as provas e expiações que enfrenta atualmente.

O homem carnal pode achar que para ser feliz precisa de poder e dinheiro. No entanto, ele é um Espírito imortal, e numa vida anterior ele pode ter falido na experiência do poder e do dinheiro, assim sendo, para corrigir esta dificuldade em sua personalidade, ele vai obter o que "necessita", não o que quer, que é a submissão e restrições financeiras.

O problema é que vemos parcialmente, mas julgamos ver o todo, por isso a vida, às vezes, fica sem sentido. Quando nos deparamos com uma pessoa desequilibrada ou um desastre coletivo a princípio parece ser uma injustiça, entretanto, esquecemos que Deus é soberanamente justo e bom, portanto o fato não se classificaria tal qual um descaso divino. É a colheita da semeadura, em outras palavras, são os efeitos das ações equivocadas. Quando a

Certeza em Deus 103

criatura se atormentou e aos outros, volta para reparar as áreas danificadas por meio de provas e expiações, que se expressam de diferentes formas. De acordo com a Codificação da Doutrina Espírita[75] é dado o seguinte esclarecimento sobre a escolha das provas e expiações:

"264. O que orienta o Espírito na escolha das provas?

– Ele escolhe as que lhe podem servir de expiação, segundo a natureza de suas faltas, e fazê-lo adiantar mais rapidamente. Uns podem impor-se uma vida de misérias e privações, para tentar suportá-la com coragem; outros, experimentar as tentações da fortuna e do poder, bem mais perigosas pelo abuso e o mau emprego que lhes pode dar e pelas más paixões que desenvolvem; outros, enfim, querem ser provados nas lutas que terão de sustentar no contato com o vício."

Futuramente, o homem irá alcançar estas verdades compreendendo as catástrofes, os abalos sociais, as doenças e os sofrimentos, não como algozes, mas como auxiliares do crescimento humano.

E para finalizar nossa reflexão acerca da importância da certeza em Deus, da fé para nos aproximarmos Dele e deixarmos a escuridão das cismas, citamos Emmanuel[76] que dá a seguinte definição de fé: "Ter fé é guardar no coração a luminosa certeza em Deus, certeza que ultrapassou o âmbito da crença religiosa, fazendo o coração repousar numa energia constante de realização divina da personalidade. (...) Traduzindo a certeza na assistência de Deus, ela exprime a confiança que sabe enfrentar todas as lutas e problemas, com a luz divina no coração..."

---

75 Allan KARDEC, *O livro dos espíritos*, pergunta 264.

76 Francisco C. XAVIER, *O consolador*, pergunta 354.

Na assertiva do Benfeitor, o extrato: "repousar numa energia constante", a nosso ver, significa estar mergulhado, saturado nos fluidos divinos, onde se plenifica de confiança, alegria, boa disposição, solidariedade, não havendo espaço para dúvidas e receios. Então, o ser tem prontidão para qualquer enfrentamento, com a certeza de que o sucesso ou o insucesso será o melhor resultado.

Capítulo 18

Servir é o caminho

Convidamos os leitores a refletirem sobre dois grandes grupos de pessoas e interesses antagônicos que se destacam na história da humanidade, de um lado criaturas que querem poder, prestígio, dinheiro, não hesitando em afrontar e enfrentar quem se opõe em seu caminho, e, de outro lado, pessoas que abdicam de interesses pessoais e sociais para se dedicarem a cuidar dos "filhos do calvário", sem esperar nada que não seja a alegria de servir.

Que contrassenso é este, uns voltados apenas para si mesmos e outros voltados a terceiros? Será que os primeiros sabem fazer melhores escolhas e os segundos são sonhadores ingênuos? Quais desses grupos têm servido de modelo para a humanidade e para nós próprios, especificamente?

Os conquistadores vão desde os subjugadores de nações até a conquista de uma pessoa para os seus interesses egoísticos. Estes parecem *ser* vencedores indestrutíveis, invejados pela população e odiados pelos vencidos. Os holofotes destacam sua glória, sua astúcia de vencer qualquer adversário. O paradoxo é que apesar das conquistas,

106 Desafios de mudar

dos aplausos, o sujeito não se sente saciado, plenificado, apaziguado, vitorioso. A inquietação interna continua porque todos seus movimentos foram impulsionados por seu egoísmo e pelo orgulho doentio que nunca se aplaca. Dentro dessa lógica sem lógica de *ter* para se realizar, cria-se a fantasia de que quanto mais se tem, mais bem-sucedido se é! Mas isso é uma falácia, um sistema doente que nunca se completa. Enquanto isso, os *servidores do bem* continuam em sua abnegação de socorrer os infortunados com amizade, um abraço, um prato de comida, uma orientação. Apesar do cansaço, das dificuldades, se sentem alegres, joviais, entusiasmados. Acontece algo dentro deles que a fortuna e os aplausos não se igualam. É o Benfeitor Lísias quem, ao explicar a André Luiz a respeito das virtudes do amor, nos esclarece: "...quando nos reunimos àqueles a quem amamos, ocorre algo de confortador e construtivo em nosso íntimo. É o alimento do amor, André. Quando numerosas almas se congregam no círculo de tal ou qual atividade, seus pensamentos se entrelaçam, formando núcleos de força viva, através dos quais cada um recebe seu quinhão de alegria ou sofrimento, da vibração geral. (...)

Quem se oferece diariamente à tristeza, nela se movimentará; quem enaltece a enfermidade, sofrer-lhe-á o dano. (...)

É lei da vida, tanto nos esforços do bem, como nos movimentos do mal. Das reuniões de fraternidade, de esperança, de amor e de alegria, sairemos com a fraternidade, a esperança, o amor e a alegria de todos; mas, de toda assembleia de tendências inferiores, em que predominam

Servir é o caminho 107

o egoísmo, a vaidade ou o crime, sairemos envenenados com as vibrações destrutivas desses sentimentos."[77]

Cada qual, portanto, capta as vibrações correspondentes aos seus interesses e atitudes diante da vida. Os conquistadores egocêntricos assimilam as reações emocionais de suas vítimas (ódio, mágoa, raiva, desprezo, angústia), que vão saturar seus corpos físicos, seus pensamentos e suas emoções, deixando-os desequilibrados tanto quanto suas vítimas. Além disso, as vítimas que desencarnam e não perdoam seus algozes vão ao seu encalço em processo de obsessão espiritual. Quanto aos Missionários do Bem, entram em sintonia com vibrações elevadas do amor, alcançando estados de fraternidade, compreensão, doação, alegria, enfim, estabelecem sintonia com *os núcleos de força viva*.

Ao compararmos os dois grupos, um voltado para as glórias do mundo e o outro voltado para a prática da caridade, observa-se que o primeiro é composto por indivíduos egoístas, egocêntricos, imediatistas, nem sempre éticos, já no segundo grupo estão aqueles aceitos em alguns meios como santos, missionários, altruístas, com um histórico de bondade, renúncia, solidariedade... Muitos deles, após séculos, servem de modelo e inspiração, entre eles Francisco de Assis, Madre Teresa de Calcutá, Chico Xavier, Irmã Dulce, Paulo de Tarso, Divaldo P. Franco, Mahatma Gandhi... Se estas personalidades se entregaram ao trabalho do bem isso quer dizer que eram ingênuos? Certamente que não, ao contrário, são lúcidos, bondosos, altruístas, sabem o que fazem, já acordaram para a realidade da vida! Elas in-

---

77 Francisco C. XAVIER, *Nosso lar*, p. 289.

108 Desafios de mudar

dicam qual é o caminho certo, o que realmente importa na existência. O maior de todos, o Governador do Planeta, Jesus Cristo, foi o maior modelo, pois alertou e indicou: "Eu sou o Caminho, a Verdade, e a Vida". Jo: 14,6. E Joanna de Ângelis[78] assevera com muita propriedade: "És servidor do mundo. Jesus, que se originara nas estrelas, afirmou ser o servo de todos e assim se fez, para que 'tivéssemos vida e esta em abundância'."

Em conclusão, acrescentamos que ser servido pelo mundo resulta na exaltação de nossas imperfeições, alimentando-se o homem velho e seus caprichos, o que retarda a elevação pessoal. De outro modo, servir é sair de si mesmo, ver o outro, permutar valores. Esta atitude coloca em ação nossas qualidades internas, quais a amizade, a simpatia, a empatia, o amor, a sociabilidade, a comunicabilidade, a solidariedade, favorecendo o despertar da perfectibilidade.

---

78 Divaldo FRANCO, *Jesus e atualidade*, p. 48.

Capítulo 19

Profecia autorrealizadora

Quando uma pessoa cria a expectativa de que algo acontecerá, ela tende a se comportar como se a expectativa fosse real. Isso é o que se chama de *profecia autorrealizadora*, é uma expectativa que vira uma crença e que tende a se realizar. Por exemplo, existem pesquisas mostrando que alguns professores, no início do ano letivo, ao entrar na sala de aula e olhar seus alunos tendem a profetizar quais se sairão bem e quais se sairão mal, e a profecia tende a se realizar, pela expectativa que o professor cria, baseado em seus valores, preconceitos, crenças... Nesse caso, não é que o professor "adivinhou", mas ele trata os alunos de modos diferentes, os que ele acha que vão ter bom desempenho recebem mais atenção, os outros recebem menos atenção, afetando sua performance.

Isso também pode acontecer no ambiente familiar em que os pais profetizam qual dos filhos se sairá bem na vida e qual será o fracassado. Inconscientemente, os pais, como os professores no exemplo acima, agem de acordo com suas expectativas. Por exemplo, entre dois filhos, o pai se simpatiza mais por um do que pelo outro, a partir

110 Desafios de mudar

daí valoriza tudo o que o seu predileto faz: "você é inteligente do papai"; "você quando crescer vai ser um cientista..." Enquanto o outro recebe críticas: "você não faz nada certo, imbecil!"; "assim você não vai para a frente, faça igual ao seu irmão!" As sementes do incentivo e do desprezo foram lançadas, respectivamente. Na perspectiva reencarnatória, se compreende que o filho "querido" é um afeto do pai desde outras vidas, e o desafeto é alguém de difícil convivência para ele, uma vez que ficou algo pendente entre eles.

No âmbito pessoal, o indivíduo também cria expectativas a respeito de si mesmo e de sua vida, baseado nas possibilidades pessoais e nas influências externas. A profecia autorrealizadora é uma tendência, não uma determinação.

Caro leitor, e quanto à sua reencarnação ou existência, a expectativa é de fracasso ou de sucesso? Veja algumas fontes de inspiração para a pessoa vaticinar seu futuro:

- Pais que inculcam nos filhos que eles serão fracassados porque não podem estudar.
- Adolescentes que não entraram na universidade acreditam que terão um futuro infeliz.
- Adultos que se impressionam com a morte prematura de um dos pais, achando que terão o mesmo destino.
- Pessoas que por conta dos reveses da vida creem que levarão uma vida malfadada.

De forma consciente ou inconsciente, o sujeito se comporta de acordo com suas convicções de fracasso ou de sofrimento. Aquele que se convenceu de que é fracassado duvida de seu conhecimento, hesitando diante da

Profecia autorrealizadora 111

tomada de decisão, pois sua insegurança pode levá-lo ao erro, consequentemente, o erro confirma sua profecia: sou um fracasso! Alguém que acredita que sua vida seja só sofrimento superestima qualquer revés normal da vida, exagerando o acontecido. Ambos fazem vista grossa para as boas coisas que acontecem. Com esta preocupação obcecada na profecia de que está fadada à infelicidade, essa se realiza! Se fossem mais otimistas em relação ao seu destino, cuidariam melhor de si mesmos buscando se cercar de condições positivas em sua vida, tais quais: boa alimentação, esporte, boas amizades, religiosidade, alegria, autoconfiança, sem se deixar abater por pequenas coisas.

Esta postura diante da vida denota falta de espiritualidade, reflexos do materialismo que preceitua a vida como algo indeterminado e acidental. Diferente deste negativismo doentio, a vida é bela e esplendente, objetivando o bem e a felicidade de todos neste Universo rico de vida, amor, esperança, crescimento, glória... Como declara de forma otimista a Benfeitora Joanna de Ângelis:[79] "A tua atual existência está programada para o êxito. Não mais tombarás nas sombras de onde procedes, se insistires por banhar-te com a clara luminosidade do amor de Deus."

Ao deixar a vida espiritual, saímos cheios de esperanças e de bons propósitos, com o aval de benfeitores no êxito mediante nossos esforços. Por que, então, quando chegamos aqui nos enchemos de expectativas pessimistas? Chega disso! Replete-se de boas perspectivas que inundem sua confiança, sua autoestima, seu autoamor

---

79 Divaldo FRANCO, *Libertação pelo amor*, p. 37.

112 Desafios de mudar

de fluidos benfazejos que lhe favoreçam no bom desempenho. Como adverte a Benfeitora, nossa vida está programada para o êxito, e nossa confiança e determinação contribuirão para esse fim.

A fim de atingirmos o êxito, precisamos abrir mão dos hábitos do homem velho, abandonar os vícios nocivos, as superstições infantis, as amizades perturbadoras, a omissão, a vitimização, a inaptidão, e priorizarmos o homem novo, aquele comprometido com sua evolução e seu meio!

CAPÍTULO 20

AGRADECER AO BEM E AO MAL?

Na sociedade em que vivemos, *ter* parece tão importante como se fosse a identidade pessoal, pois a aquisição de coisas simula relevância ao seu possuidor. Somos tão bombardeados por este valor que ele passa a conferir a importância de alguém. A aquisição de bens de consumo: carro, casa, roupas, viagens, frequentar bons restaurantes, possuir boa formação, ter bom emprego adjetivam o indivíduo de vitorioso, bem-sucedido, próspero, ao lado de quem muitas pessoas querem estar. Na outra polaridade está o carente sem formação, com um subemprego, que paga aluguel, compra roupas no saldão, nem sempre tem carro, frequenta passeios gratuitos, este, muitas vezes, é denominado de fracassado, amizade que muitos evitam.

O primeiro exemplo fica com a impressão que pode tudo, esbarrando na ilusão de ser onipotente. O segundo, desvalido, acredita na sua incapacidade para suprir seus desejos. A vida na Terra dá a impressão que ambos estejam entregues a si mesmos, um é arrojado, o outro covarde. No entanto, a vida não se resume em nossas preten-

114 DESAFIOS DE MUDAR

sões e nem na precariedade ilusória das posições sociais e dos bens de consumo, a vida é muito mais!

Ambos exemplos fazem parte de um programa de crescimento no qual os indivíduos passam por experiências de enriquecimento, por algo maior que é a evolução, já que não é um fim em si mesmo. Como esclarece Kardec: "A vida material é uma prova a que devem submeter-se repetidas vezes até atingirem a perfeição absoluta; é uma espécie de peneira ou depurador de que eles saem mais ou menos purificados."[80]

O fato da vida na Terra ter uma finalidade e haver programação da reencarnação, não quer dizer que o indivíduo não tenha livre-arbítrio, e faça suas escolhas. Sim, ele escolhe, se esforça ou se acomoda colhendo o que semeou. No primeiro exemplo acima, da pessoa que obtém várias conquistas, estas não são apenas para o seu gozo exclusivo indefinidamente, mas são empréstimos da Divindade, como material escolar, cujo propósito é o aprendizado do indivíduo e dos outros.

A aquisição de situações como: profissão, bens, corpo, posição, provoca uma relação de apego e desapego, trazendo experiências para o aluno aprender a ter e a se desprender, o que provoca muito sofrimento em caso de perda.

No segundo caso, o da pessoa desvalida, não se trata de alguém menos afortunado como o primeiro, provavelmente sua desvalia seja a colheita do uso inadequado dos bens da vida. Para simplificar, o desvalido de hoje pode ter sido o afortunado do primeiro exemplo que usou mal

---

80   Allan KARDEC, *O livro dos espíritos*, item 6.

Agradecer ao bem e ao mal? 115

suas conquistas em vidas passadas. Ele não está numa condição definitiva, ele passa por uma prova educativa.

As realizações e irrealizações são atribuídas ao próprio indivíduo com conotação arrogante e de desprezo, respectivamente, sem levar em conta que o importante não é reconhecimento social ou execração, mas a produção do saber que se realiza. A riqueza ou a pobreza, a inteligência ou a ignorância, a beleza ou a feiura produzem conhecimentos e experiências que enriquecem o aluno.

Precisamos vencer a visão unilateral do imediatismo que só pensa no agora, que pode trazer prazer e as sementes atormentadoras do amanhã. Joanna de Ângelis[81] amplia a questão do agradecimento não somente para o que traz benesses atuais: "Agradecer ao bem que se frui assim como ao mal que não aconteceu ainda, e, particularmente, quando suceda, fazer o mesmo, tendo em vista que somente ocorre o que é necessário para o processo de crescimento espiritual, conforme programado pela lei de causa e efeito."

Isso quer dizer que tanto os testes de privação e de sofrimento, quanto os de riquezas e de prazeres, são experiências educativas em uma sociedade em desenvolvimento que propicia aos alunos várias disciplinas, não são condições definitivas para esta ou aquela classe social, mas condições dos humanos que vivenciam as disciplinas para aprender. Todos os conhecimentos são importantes para enriquecer o currículo evolutivo do estudante.

---

81 Divaldo FRANCO, *Psicologia da gratidão*, p. 29.

116 Desafios de mudar

É interessante a colocação da Benfeitora que instrui que devemos agradecer ao bem que nos acontece como um passeio, o encontro com pessoas que gostamos, a compra de uma calça, a gentileza de outrem... Além disso, agradecer o mal que não aconteceu tal qual não ser demitido da empresa, escapar de um acidente, não entrar na provocação de alguém. Mas não para aí, se caso acontecer o mal, agradecer também, porque com muita propriedade Joanna nos adverte na mesma página: "... somente ocorre o que é necessário para o processo de crescimento espiritual."

Parte II

Atitudes terapêuticas

Nesta segunda parte do livro extraímos trechos de várias obras da Benfeitora Espiritual Joanna de Ângelis, que tratam de atitudes terapêuticas diante de situações diversas da vida. Apenas o primeiro capítulo não se refere à sua obra, mas sim à obra do respeitado filósofo espírita José Herculano Pires, que chama a atenção para nossa condição de seres racionais e capazes.

As reflexões apresentadas não são para um ser corporal reduzido à matéria, mas sim para um Espírito Imortal em evolução, isso faz toda a diferença.

As psicoterapias tradicionais, como já foi mencionado anteriormente, são aplicadas para um sujeito *tabula rasa* que nasce fortemente influenciado pela genética e continua sendo influenciado pelo meio social. Para o Espiritismo, entretanto, grande parte destas condições são decorrentes da participação do indivíduo, isto é, reações das ações acertadas ou equivocadas anteriormente, conforme a Lei de Causa e Efeito que rege nossa evolução.

As doenças físicas, os tomentos psicológicos, as dificuldades interpessoais, os problemas sociais retratam a imaturidade evolutiva do ser, que ainda precisa desses recursos para progredir. Por meio da evolução, esses meios vão sendo superados e, então, o ser se vale de condições mais eficazes, portanto não precisando mais dos sofrimentos.

O ser humano revelado pelo Espiritismo é um ser milenar que reencarna com um projeto de crescimento, que é influenciado por sua história anterior, ou seja, por suas reencarnações anteriores e as personagens envolvidas nesta trama: pais, irmãos, parentes, amigos, inimigos... As condições socioeconômicas em linhas gerais ou detalhadas fazem parte do plano reencarnatório de acordo com o bom ou mau uso anterior que refletem nas individualidades ou na coletividade.

Além das condições pessoais, interpessoais e sociais, interagimos com a Sociedade Extrafísica ou Espiritual, composta de pessoas iguais a nós, que viveram aqui no corpo físico com seus sonhos e dramas, mas desencarnaram.

Capítulo 21

Você é um ser humano!

Iniciamos a segunda parte deste livro com os lembretes ou o convite à conscientização, dados pelo filósofo espírita Herculano Pires. Precisamos lembrar de nossa transcendência, não somos corpos, somos Espíritos imortais! É um convite para nos tornar adultos e responsáveis por nosso destino, exercitando nossas boas aptidões e tendências, superando a infantilidade de esperar que alguém faça em nosso lugar:

"Você é um ser humano adulto e consciente, responsável pelo seu comportamento. Controle as suas ideias, rejeite os pensamentos inferiores e perturbadores, estimule as suas tendências boas e repila as más. Tome conta de si mesmo. Deus concedeu a jurisdição de si mesmo, é você quem manda em você nos caminhos da vida. Não se faça de criança mimada. Aprenda a se controlar em todos os instantes e em todas as circunstâncias. Experimente o seu poder e verá que ele é maior do que você pensa"[82], propõe Herculano.

---
82 J. H. PIRES, *A obsessão – o passe – a doutrinação*.

120 Desafios de mudar

É hora de tirarmos a direção de nossa vida das mãos dos pais, quando já se é adulto; do controle dos modismos sociais; do cônjuge; dos obsessores; de nosso inconsciente... É tempo de aprender a fazer escolhas e assumi--las, sem pressa, sem perfeccionismo, sem medo, sabendo que são esperados na trajetória altos e baixos, acertos e erros, e que a experiência nos aperfeiçoa.

Muitas pessoas poderiam estar em melhores situações tanto na área pessoal, familiar, social, quanto profissional e afetiva, se não terceirizassem suas vidas, deixando aos outros a tarefa de decidir por eles o que fazer ou não fazer.

Você já prestou atenção se as exigências, as ideias, as crenças, as superstições, os medos dos outros já invadiram e se apossaram de sua mente? Descarte os invasores e reassuma sua vida!

CAPÍTULO 22

ANGÚSTIA

Para facilitar nosso estudo vamos utilizar a palavra angústia como sinônimo de ansiedade; é um estado psicológico de inquietação, receio difuso, medo com manifestações somáticas: alteração da respiração, dos batimentos cardíacos, cefaleias, sudorese...

Quando estamos em baixo astral sentimos insegurança, confiando menos em nossa capacidade de enfrentar ou de resolver problemas, por isso ficamos ansiosos perante o que vai acontecer, ou angustiados com a morte de alguém querido, pela separação conjugal, por exemplo, o que gera aperto no peito, inquietação, tristeza...

É natural termos altos e baixos, mas podemos tomar medidas para minimizar nossa insegurança, não nos deixando paralisar pela ansiedade. Para isso, a Benfeitora Joanna de Ângelis propõe que "O recurso para a superação dos estados de angústia (...) é a conquista da autoconfiança, delineamento de valores reais e esforço por adquiri-los..."[83]

---

83 Divaldo FRANCO, *O ser consciente*, p. 45.

122 Desafios de mudar

Trata-se de uma proposta de autoconfiança alcançada pelo crescimento da personalidade, uma vez que *valores reais* tais quais coragem, paciência, intrepidez, liberdade, responsabilidade, dever são a ela incorporados. São valores que orientam a conduta, enobrecem o caráter, sugerem respeito. Estes valores passam a fazer parte da personalidade, tornando-a mais equilibrada para lidar com a adversidade da vida. Isso não quer dizer que o indivíduo irá se livrar da ansiedade, que ainda faz parte de seu estado evolutivo, mas saberá administrá-la de forma equilibrada. Será como uma expectativa positiva diante de algo que vai acontecer, diferente da pessoa que se descontrola totalmente perante as situações apresentando dor de cabeça, desarranjo intestinal, sudorese abundante...

Um grande incentivo para aumentar a autoconfiança é lembrar que somos Espíritos Imortais criados por Deus, como todos os seres humanos, e ninguém é melhor do que ninguém. Podemos desenvolver qualidades e a inteligência, vai depender de nosso esforço. Uns conseguem mais, outros menos, conforme o grau de evolução.

Confie em sua capacidade de realizar suas tarefas, de se comunicar, de se relacionar, de expor suas ideias, de enfrentar desafios. Quanto mais você enfrentar as situações da vida, mais hábil e confiante ficará.

Capítulo 23

Complexo de inferioridade

Algumas pessoas fazem a infeliz brincadeira ou a maldade de desqualificar os outros em meio a conversas, de forma sutil ou agressiva, e com isso deixam uma mensagem infeliz e desrespeitosa. São exemplos deste comportamento: um pai xinga o filho de burro, um marido qualifica a esposa de desmiolada, um chefe classifica o empregado de deficiente mental, um filho denomina o pai de velho esclerosado.

A sociedade, de forma geral, taxa as pessoas de inferiores ou superiores, bem-sucedidas ou malsucedidas, adequadas ou inadequadas segundo critérios externos e superficiais. Muitas pessoas são medidas pelo poder aquisitivo, se possuem ou não diplomas, se têm prestígio, situações estas que são apenas papéis sociais temporários que não definem a personalidade, uma vez que servem apenas de experiência para ajudar o progresso do Espírito.

Não bastasse a agressão vinda de fora, algumas criaturas fazem gozação de si mesmas diante de erros ou de dificuldades naturais, afirmando: "eu sou um idiota mes-

124 Desafios de mudar

mo", "sou um lesado", "só eu mesmo para dar uma gafe", minando assim sua autoimagem, sua autoconfiança, sua autoestima, uma postura que contribui para mudança de seus pensamentos com fixações mentais doentias, emoções perturbadoras, energias tóxicas, alteração da imunidade, somatizações e obsessão espiritual. Esta atitude de desqualificar uma pessoa é funesta porque reprova e anula seus atributos, tornando-a "uma coisa".

Joanna de Ângelis indica práticas saudáveis para afirmar a personalidade a fim de eliminar as autossugestões depreciativas e a superação do complexo de inferioridade: "Pequenos exercícios de afirmação da personalidade e de autodescobrimento de valores adormecidos funcionam como terapia valiosa, por estimular o paciente a novos e contínuos tentames que se vão coroando de resultados favoráveis, eliminando o sutil complexo de inferioridade e mesmo diluindo, a pouco e pouco, a culpa perturbadora."[84]

Afirmar a personalidade ajuda no reconhecimento das competências pessoais, por exemplo: administrar uma empresa, fazer bem um bolo, desenhar, escrever, se relacionar bem com os outros. São conquistas pessoais obtidas com muito esforço ao longo das vidas.

Então, o autodescobrimento é encontrar ou avistar valores deixados no esquecimento quanto à gentileza, à solidariedade, à amizade, à honra…

Figurativamente, podemos dizer que o homem velho que só via seus defeitos, então, caminha para ser um homem novo que reconhece imperfeições inerentes ao seu

---

84 Divaldo FRANCO, *Conflitos existenciais*, p. 24.

Complexo de inferioridade 125

grau evolutivo, mas que é perfectível e também admite suas conquistas e qualidades superando o complexo de inferioridade.

Capítulo 24

Conduta diária

Alguns modelos de comportamento que a sociedade tem oferecido são os triunfadores da sociedade materialista, consumista, utilitarista, imediatista. Contudo, não faltam na História modelos exemplares de equilíbrio, ética, elevação, rotulados muitas vezes de fanáticos e utópicos, deixando porém suas sementes que ao longo do tempo têm germinado boas ideias. Estamos falando dos emissários do Mestre que contribuíram para a disseminação de novas ideias.

Analisemos a assertiva do Benfeitor Emmanuel[85] para firmar em nós o paradigma do Homem Integral que é Jesus, nosso modelo excelso, Seus ensinamentos e vivências:

"Ama a Deus, Nosso Pai – ensinava Ele –, com toda a tua alma, com todo o teu coração e com todo o teu entendimento.

Ama o próximo como a ti mesmo.

---

85 Francisco C. XAVIER, *Roteiro*, in "A Mensagem Cristã", p. 60.

Perdoa ao companheiro quantas vezes se fizerem necessárias.

Empresta sem aguardar retribuição.

Ora pelos que te perseguem e caluniam.

Ajuda aos adversários.

Não condenes para que não sejas condenado.

A quem te pedir a capa cede igualmente a túnica.

Se alguém te solicita a jornada de mil passos, segue com ele dois mil.

Não procures o primeiro lugar nas assembleias, para que a vaidade te não tente o coração.

Quem se humilha será exaltado.

Ao que te bater numa face, oferece também a outra.

Bendize aquele que te amaldiçoa.

Liberta e serás libertado.

Dá e receberás.

Sê misericordioso.

Faze o bem ao que te odeia.

Qualquer que perder a sua vida, por amor ao apostolado da redenção, ganhá-la-á mais perfeita, na glória da eternidade.

Resplandeça a tua luz.

Tem bom ânimo.

Deixa aos mortos o cuidado de enterrar os seus mortos.

Se pretendes encontrar-me na luz da ressurreição, nega a ti mesmo, alegra-te sob o peso da cruz dos próprios deveres e segue-me os passos no calvário de suor e sacrifício que precede os júbilos da aurora divina!

128 Desafios de mudar

E, diante desses apelos, gradativamente, há vinte séculos, calam-se as vozes que mandam revidar e ferir! E a palavra do Cristo, acima de editos e espadas, decretos e encíclicas, sobe sempre e cresce cada vez mais, na acústica do mundo, preparando os homens e a vida para a soberania do Amor Universal."

Contrariamente aos conquistadores competitivos e egocêntricos que veem o outro igual a adversário a ser vencido, com Jesus aprendemos a ver o outro feito irmão. Também aprendemos a enxergar nossas qualidades e a nos amar, e acima de tudo amar a Deus, o Criador, mostrando sentido na vida, e que não estamos deserdados.

É tempo de sairmos do discurso e do conhecimento inoperante e buscar vivenciar o modelo Jesus para que nossa vida seja otimizada, por isso "Mergulha o pensamento e a emoção nas páginas libertadoras do Evangelho de Jesus, a fim de que possas insculpi-las na conduta diária, utilizando-te dela como metodologia iluminativa ante as circunstâncias obscuras do período existencial." [86]

---

86 Divaldo FRANCO, *Tesouros libertadores*, p. 27.

Capítulo 25

Atitude de confiança

Diante das crises que assolam o mundo, constata-se certo clima de pessimismo, medo, estresse, insegurança em relação à vida e ao futuro. Para quem assim pensa, nós estamos caminhando para o caos, não há mais esperança.

Esta incerteza tem grande quinhão na ignorância do sujeito, na falta de compromisso com a própria evolução, na falta de Fé em Deus, pois a impressão que alguns têm é que não há ordem, e que estamos à deriva. Será que este estado de coisa não é o dividendo do abandono da própria vida?

O Espiritismo, que não está submerso nesse nevoeiro alienante, mostra caminhos e o significado de tudo isso como inerente à idade evolutiva e ao processo de transformação, convidando o ser humano a enfrentar o resultado dos seus feitos, a se desapegar, a buscar novos valores...

"A atitude de confiança nos recursos da vida, nos relacionamentos humanos, nos projetos de crescimento moral e emocional, nos esforços em favor da comunidade, no desenvolvimento das faculdades mentais e transcenden-

130 DESAFIOS DE MUDAR

tais, constitui recurso precioso que propele o indivíduo para a conquista da saúde integral e da felicidade possível que está ao alcance de todo aquele que se empenha em desfrutar do seu lugar ao Sol..."[87]

O indivíduo pessimista e asfixiado pelo materialismo não consegue ver recursos, por estar obnubilado. Perante uma doença grave, uma pessoa sem recurso propõe a eutanásia. Do mesmo modo, diante de uma crise política, uma criatura sem recurso defende a ditadura. Na doença difícil está a redenção, o resgate, assim como a crise política anuncia limpeza e renovação no governo. O otimismo nos relacionamentos humanos ressalta o lado bom que agrega os envolvidos. O lado ruim todos ainda possuímos, mas ficar evidenciando os erros uns dos outros não deixa ninguém feliz. Ver o lado bom não é fingir que não existe o lado mal, mas é eleger o que é melhor qual a amizade, a gentileza, a compreensão, a presteza, a colaboração. Praticar estas boas ações é avançar no sentido do crescimento moral e emocional, aludido pela Benfeitora Joanna de Ângelis.

A sociedade, por sua vez, é um grupamento de pessoas unidas pelos mesmos interesses, que, quando alimentada pela fraternidade e pela solidariedade pode fazer muito em favor dos seus membros. É o que notamos nos trabalhos assistenciais no Centro Espírita, os colaborados estabelecem proximidade que proporciona afeto e alegria entre eles favorecendo mais o auxílio ofertado.

---

87 Divaldo FRANCO, *Encontro com a paz e a saúde*, p. 66.

CAPÍTULO 26

CONFLITOS

O conflito pode ser definido como falta de entendimento entre duas partes, divergência, antagonismo, desordem, confusão, deixando o indivíduo no impasse, sem saber o que fazer e sofrendo com isso. O comportamento neurótico e a perturbação também são considerados conflitos.

Aqui queremos abordar o conflito pessoal, no qual o indivíduo remói ideias sobre si mesmo: "sou importante?", "o que os outros pensam de mim?", "sou diferente dos outros", "sou desinteressante", ninguém gosta de mim". Enfim, esse indivíduo não vive bem consigo mesmo e com os demais, se monitora o tempo todo se julgando, se comparando aos outros. Ao insistir nesse caminho ele poderá se auto-obsediar, que é o tormento que a pessoa pratica contra si mesma.

Joanna de Ângelis recomenda que: "Todo e qualquer empreendimento psicoterapêutico deve trabalhar em favor da libertação do paciente de quaisquer amarras e dependências conflitivas..."[88]

---
88 Divaldo FRANCO, *Triunfo pessoal*, p. 87.

132 Desafios de mudar

Algo importante que o indivíduo precisa inicialmente perceber é o que ele está fazendo consigo mesmo, o tempo que fica se monitorando, a frequência com que se desqualifica, as comparações destrutivas que faz com os outros. Se essa atitude já se tornou doentia, ele pode alimentar a ideia fixa de que as pessoas e o mundo o depreciam. Mas, após constatar o mal que está fazendo a si, aprende a cessar as críticas malsãs. Em seguida começa o caminho de reconstruir sua personalidade, desenvolvendo a sua identidade, sua autoimagem, autoestima. Toma contato com suas dificuldades e qualidades, desejos e necessidade, vê as escolhas que tem na vida.

CAPÍTULO 27

DEPRESSÃO

A depressão pode surgir por vários motivos dentre eles estresse, vivência traumática, perdas, acontecimentos desagradáveis, frustrações, separação, doença grave e outros. É algo que vai se engendrando diante de situações não resolvidas e difíceis. Joanna de Ângelis também apresenta algumas razões que se mesclam com o que foi citado, vejamos: "Nas patologias depressivas, há muito fenômeno de ódio embutido no enfermo sem que ele se dê conta. A indiferença pela vida, o temor de enfrentar situações novas, o pessimismo disfarça mágoas, ressentimentos, iras não digeridas, ódios que ressumam como desgosto de viver e anseio por interromper o ciclo existencial."[89]
Uma pessoa adulta é capaz de suportar algumas destas situações, ela poderá ficar triste e desanimada, e até ter uma depressão passageira. A depender da personalidade, uma pessoa frágil que vai se machucando ao longo da vida, não aceitando os reveses, se revoltando contra frus-

---

[89] Divaldo FRANCO, O homem integral, 45.

134 Desafios de mudar

trações etc., fica debilitada. Outras pessoas passam por frustrações, perdas, doenças e não se abatem.

O CID-10[90] dá a seguinte descrição a respeito de depressão:

"Nos episódios típicos... o paciente apresenta um rebaixamento do humor, redução da energia e diminuição da atividade. Existe alteração da capacidade de experimentar o prazer, perda de interesse, diminuição da capacidade de concentração, associadas em geral à fadiga importante, mesmo após um esforço mínimo. Observam-se em geral problemas do sono e diminuição do apetite. Existe quase sempre uma diminuição da auto-estima e da autoconfiança e freqüentemente idéias de culpabilidade e ou de indignidade, mesmo nas formas leves. O humor depressivo... pode se acompanhar de sintomas ditos 'somáticos', por exemplo perda de interesse ou prazer, despertar matinal precoce, várias horas antes da hora habitual de despertar, agravamento matinal da depressão, lentidão psicomotora importante, agitação, perda de apetite, perda de peso e perda da libido."

Outro fator desencadeante da depressão ainda desconsiderado pela ciência é a influência que um espírito exerce sobre alguém, o que denominamos de *obsessão espiritual*, assunto anteriormente abordado. O obsessor, com seu desejo de vingança e seu ânimo perturbado, transfere ao encarnado seus tormentos. Joanna de Ângelis disserta sobre o assunto: "...deve-se levar em conta a interferência de Espíritos vingadores ou viciosos, que se encontram

---

90 Cid-10 – *Classificação de transtornos mentais e de comportamento* – F32.

Depressão 135

na economia moral de muitas vidas, em razão dos compromissos que vigem entre todos os seres, especialmente aqueles que foram vítimas de abusos e de crimes não justiçados, caso os houvesse justificáveis. Nesse aspecto, as obsessões campeiam, gerando quadros depressivos lamentáveis, que se arrastam longamente, sem aparente solução, porque não são removidos os fatores que os desencadeiam."[91] A debilidade deixada pela depressão facilita a influência espiritual que faz o paciente alimentar ideias de menos-valia, de desamor, que não serve para nada...

O tratamento básico da depressão hoje consiste em medicamentos e psicoterapia, contudo, Joanna de Ângelis propõe medidas que alcançam a *alma* do doente, por meio de 3 condições: consciência de responsabilidade, transformação moral e aquisição de hábitos saudáveis como melhor esclarece a Benfeitora: "...o Espiritismo apresenta o seu arsenal de socorros, como, de início, o esclarecimento do paciente, a fim de que adquira a consciência de responsabilidade, dispondo-se à recuperação a esforço pessoal, sem o mecanismo passadista de transferir para outrem o que ele deve realizar.

Logo depois, o empenho para conseguir a própria transformação moral para melhor, no que irá contribuir para amainar o ódio, o ressentimento da(s) sua(s) vítima(s) de ontem que, sensibilizada(s) pela sua mudança de comportamento, resolverá(ão) por deixá-lo entregue à própria sorte... Em seguida, o hábito saudável da oração, dos bons pensamentos através de leituras edificantes, dos diálogos que enriquecem o ser interior, da fluidote-

---

91 Divaldo FRANCO, *Iluminação interior*, p. 109.

136 Desafios de mudar

rapia – passes, água fluidificada, desobsessão sem a sua presença..."[92]

Na sequência, vamos estudar cada tópico separadamente:

Consciência de responsabilidade

O psicólogo Nathaniel Branden conceitua a responsabilidade pessoal como um dos pilares da boa autoestima, que vem de encontro com um dos problemas do sujeito depressivo, a baixa autoestima. A responsabilidade pessoal objetiva mostrar que a sua vida está em suas mãos, se hoje ele amarga por conta de escolhas equivocadas, pode fazer escolhas que vão levá-lo a condições mais agradáveis e felizes, como considera Branden: "Perceber que somos os autores de nossas escolhas e ações; que cada um de nós é responsável por sua própria vida e bem-estar e pelo cumprimento de suas metas. A evolução natural do ser humano é sair da dependência para a independência, do desamparo e incapacidade para a eficácia crescente, da irresponsabilidade pessoal para a responsabilidade. A responsabilidade por si mesmo é a expressão adulta dessa compreensão."[93]

Transformação moral

A transformação moral propõe ao indivíduo sair do egoísmo e do egocentrismo de querer atender apenas a seus interesses e ver o outro com simpatia, respeito e assumir uma atitude altruísta de amor ao próximo. "Toda a moral de Jesus se resume na caridade e na humildade, ou

---

92 Divaldo FRANCO, *Vitória sobre a depressão*, p. 10.

93 *Auto-estima no trabalho*, p. 46.

seja, nas duas virtudes contrárias ao egoísmo e ao orgulho. Em todos os seus ensinamentos, mostra essas virtudes como sendo o caminho da felicidade eterna.

Amai o vosso próximo como a vós mesmos; fazei aos outros o que desejaríeis que vos fizessem; amai os vossos inimigos; perdoai as ofensas, se quereis ser perdoados; fazei o bem sem ostentação; julgai-vos a vós mesmos antes de julgar os outros."[94]

Hábitos saudáveis

Mudar os hábitos insalubres de brigar e maltratar a si mesmo e aos outros, para hábitos saudáveis, motivadores, agradáveis como os exemplos dados pela Benfeitora: "...da oração, dos bons pensamentos através de leituras edificantes, dos diálogos que enriquecem o ser interior..."

Desobsessão

A obsessão em qualquer das modalidades apresentadas é tratada no Centro Espírita, preparado que é para esta tarefa, por meio de trabalhadores diversos como o passista, o médium de psicofonia, o médium de sustentação, o preletor, o doutrinador.

O obsediado passa pelo atendimento fraterno, recebe orientação espiritual e encaminhamento para o tratamento de desobsessão e de passes, toma água fluidificada, ouve palestra doutrinária para esclarecimento e orientação de novas condutas e conforto. É orientado a fazer o Evangelho no Lar, preces no dia a dia.

---

94 Allan KARDEC, *O evangelho segundo o espiritismo*, cap. XV, item 3.

Diferente da *alma enferma*, estas atitudes trarão harmonia, paz, confiança, esperança, aceitação, deixando a *alma iluminada*, voltando o paciente à vida para poder aproveitar suas aulas magistrais.

Capítulo 28

Limites e dificuldades

A música cantada por Gal Costa, "Modinha para Gabriela", cognominado Síndrome de Gabriela ainda é o lema da vida de muita gente. O refrão da música fala: "Eu nasci assim, eu cresci assim, e sou mesmo assim, vou ser sempre assim... Gabriela... sempre Gabriela". É um conformismo com a vida, contrário à Lei do Progresso que prescreve: "o homem deve progredir sem cessar e não pode voltar ao estado de infância."[95]

Este conformismo social pode ter várias fontes: como a classe dominante que controla a classe dominada, alimentando crenças populares de que a vida é assim e não dá para fazer nada; conflitos pessoais de menos-valia; ameaças religiosas; obsessor que cerceia a vida de sua vítima... Precisamos nos desembaraçar dessas influências restritivas e assumir compromisso com o nosso progresso. "É de bom alvitre que o ser humano, em identificando suas limitações e dificuldades existenciais, esforce-se por

---

95 Allan KARDEC, *O livro dos espíritos*, pergunta 778.

140 Desafios de mudar

superá-las…"[96] Refletimos acerca dessas duas condições limitadoras:

Nossa relação com as *limitações pessoais* é diversa. Há aquele que coloca embaixo do tapete para não ser visto, o outro tenta compensar querendo ser o sabe-tudo; já alguns acham que não têm solução. O primeiro passo para mudar alguma coisa é reconhecer que existe uma limitação. No entanto, se eu não admito, não tenho como alterar. Partimos do princípio de que estamos reencarnados para evoluir, portanto algo podemos fazer para superar as limitações. Por motivos provacionais e expiatórios, o indivíduo pode apresentar mais facilidade ou dificuldade, conforme as marcas doentias ou sadias no perispírito, todavia vamos fazer o que for possível para melhorar.

Quais são as limitações que você apresenta com as situações do cotidiano, dar e receber afeto, se relacionar no trabalho, baixa autoestima? Identificada a limitação, procure enfrentá-la e resolvê-la pessoalmente; solicitar ajuda também pode.

A *dificuldade existencial* pode estar relacionada à insatisfação na área pessoal, no relacionamento, no trabalho ou em casa. A pessoa não sabe lidar com a insatisfação ou com a frustração, sente-se incapaz, desamada, preterida. Neste estado, sua vida parece sem sentido, questiona sobre o propósito da existência e da morte. Acredita que se morrer não fará diferença aos outros. Apesar da angústia que a crise provoca, ela ajuda o sujeito a fazer um balanço de sua vida, que valores tem adotado, se privilegia os pra-

---

96 Divaldo FRANCO, *Encontro com a paz e a saúde*, p. 65.

Limites e dificuldades 141

zeres em detrimento da paz interna, se troca as amizades pelo dinheiro, se esqueceu Deus...

Nesse sentido, o Espiritismo vai equipá-lo de recursos para equacionar tais embaraços, asseverando que somos Espíritos imortais, pois tudo vai passar, menos nós. Somos multiexistenciais, em cada vida aprendemos, crescemos, superamos os limites. A vida de hoje reflete as realizações do passado, o presente esboça o futuro. A crise pode ser respingo do passado pedindo mudanças. Então, vamos mudar para melhor!

A pessoa negativa interpreta os limites e as dificuldades como algo nocivo, prejudicial, persecutório, consequentemente deixando o seu autoconceito e o humor péssimo, pois parece uma conspiração da vida contra ela. Vê-se aí a ignorância dominante, porque como foi dito acima a Lei do Progresso está nos levando a avançar incessantemente. Assim sendo, os limites e as dificuldades são promotores de crescimento tirando o sujeito da inércia e mobilizando-o a prosseguir.

Capítulo 29
Identificar qualidades e erros

Se você quiser ser um bom mecânico de carros é preciso conhecer bem como funciona o motor, para poder arrumá-lo quando estiver quebrado ou deixá-lo mais possante caso o cliente queira. Fazendo uma comparação bem grosseira, se quisermos fazer alguma coisa em nossa vida, precisamos nos conhecer. Se você não se conhece e a vida toda foi desvalorizado, você pode se achar menos competente do que é. Devido a não se conhecer você não sabe se tem valor ou não, então, acaba aceitando o julgamento dos outros. Por isso, Joanna de Ângelis recomenda que "O homem deve comprometer-se ao autodescobrimento, para ser feliz, identificando seus defeitos e suas boas qualidades, sem autopunição, sem autojulgamento, sem autocondenação.

Pescá-los, no mundo íntimo, e eliminar aqueles que lhe constituem motivos de conflitos, deve ser-lhe a meta..."[97]

---

[97] Divaldo FRANCO, *O homem integral*, p. 121.

Identificar qualidades e erros 143

O autodescobrimento é enxergar, descortinar, desvendar, revelar, enfim tornar conhecido o Eu, suas qualidades e defeitos. Os defeitos não são eternos, não são partes da pessoa, são falhas morais que podem ser superadas. As qualidades também não estão todas prontas, algumas já foram desenvolvidas e outras infindáveis aguardam ser descobertas!

Quais defeitos você quer eliminar?

• Egoísmo
• Agressividade
• Insociabilidade
• Promiscuidade
• Medo
• Preguiça

Quais qualidades você quer desenvolver?

• Liderança
• Perdão
• Persistência
• Humildade
• Comunicabilidade
• Sociabilidade

Ambas situações exigem empenho, querer atingir o alvo, pois são frutos das experiências.

Se você quer superar o egoísmo, comece dando o que você não usa mais, ajude os outros, se comprometa a dar um pacote de açúcar ou uma cesta básica para alguém ou instituição, dê algo de si.

144 Desafios de mudar

Se você quer se comunicar mais, dar curso ou palestra no Centro Espírita que frequenta, faça curso de orador, se candidate para fazer a prece ou leitura nos cursos que participa; em casa leia em voz alta para melhorar a dicção.

Capítulo 30

Não ser amado

O que leva uma pessoa a não ser amada, uma indiferença gratuita das pessoas próximas e da sociedade? Ela foi escolhida casualmente para ser rejeitada por todos? Certamente, que não há nenhuma gratuidade na vida de alguém, uma vez que o ser imortal tem infindáveis reencarnações, portanto, a vida presente é a continuidade das encarnações anteriores.

A pessoa não amada e desprezada de hoje se depara com as reações do que está fazendo com os seus relacionamentos, assim também herda de vidas passadas o desgosto provocado na afetividade alheia, como explica o Dr. Bezerra de Menezes: "Tudo que nos acontece procede de nós mesmos. Somos os agentes próximos ou remotos dos sucessos felizes ou desditosos que nos surpreendem."[98]

Por conta de seu desrespeito ao afeto e à amizade alheia, as energias dessa pessoa podem estar viciadas ou perturbadas de modo a causar desinteresse ou repulsa. Veja o caso Raulinda, capítulo 39, da obra acima referi-

---

98 Divaldo FRANCO, *Grilhões partidos*, p. 134.

146 Desafios de mudar

da. Segundo os padrões sociais que valorizam mais a aparência do que o conteúdo, uma pessoa bonita pode ter o parceiro que quiser. Mas não é bem assim, pois há muita gente linda que não consegue bons relacionamentos. O seu estado interior, assim também as emoções, as ideias, as crenças, as energias se sobrepõem à estética.

Com este esclarecimento o indivíduo assume outra postura na vida, deixa de ser a vítima e procura superar seus entraves. Joanna de Ângelis aconselha a seguinte terapia para este caso: "O primeiro passo para uma saudável terapia do paciente não amado e que tem dificuldade de amar, é auxiliá-lo a vencer a autocompaixão, procurando abandonar a postura de vítima e esforçando-se para recuperar o seu lugar ao sol das oportunidades de crescimento interior. Toda vez que se refugia na autocomiseração, deixa de lutar, abandonando-se ao estágio em que se conserva como ser infeliz, quando lhe cabe superar a dificuldade e construir a vida sob nova condição. Logo após, identificar os fatores causais do transtorno e revivê-los corajosamente, desculpando aqueles que lhe foram motivo de embaraço e de tropeço, tornando a sua existência amarga e sem sentido."[99]

Portanto, de acordo com o ensinamento da Benfeitora, é perda de tempo e doentio ficar com dó de si mesmo, na condição de sofredor injustiçado, já que essa atitude adia a recuperação do indivíduo.

É preciso se recompor em relação ao passado; se sua falha foi nos relacionamentos é aí que deve investir sua melhoria. Precisa aprender a viver socialmente como pro-

---

99 Divaldo FRANCO, *O despertar do espírito*, p. 166.

Não ser amado 147

tagonista de sua história respeitando o próximo, treinando ser amigo, simpático, cordial, prestativo, estas atitudes são expressões de amor dadas aos outros (semeadura), que germinará boa colheita. É preciso também uma boa dose de empatia, de se colocar no lugar do outro e pensar e sentir o que ele vivencia.

As vítimas de seu desdém provavelmente estão ao seu entorno como parentes, amigos, colegas de trabalho requerendo apreço, amizade, relação de confiança. É hora do acerto de contas, faça o bem a todos!

CAPÍTULO 31

RAIVA

Durante muito tempo as emoções foram consideradas secundárias em relação à primazia do intelecto; as pontuações altas nos testes de inteligência indicavam um futuro promissor para a pessoa inteligente. Foi principalmente com o livro de Daniel Goleman, *Inteligência Emocional*, que as emoções saíram da clandestinidade e assumiram seu posto junto do intelecto.

Para trabalhar as emoções ou os sentimentos é preciso reconhecê-los e dar-lhes direção (extravasar), caso contrário eles vão afetar o corpo, com o que se chama somatização, e refletir nos pensamentos que ficam confusos ou descontrolados e também nas energias.

O psicólogo Goleman[100] considera que "reconhecer um sentimento quando ele ocorre é a pedra fundamental da inteligência emocional. (...) A capacidade de controlar sentimentos a cada momento é crucial para o discernimento emocional e a autocompreensão. A incapacidade de observar nossos verdadeiros sentimentos nos

---

100 D. GOLEMAN, *Inteligência emocional*, p. 55.

deixa à mercê deles. As pessoas de maior certeza sobre os próprios sentimentos são melhores pilotos de suas vidas, tendo um sentido mais preciso de como se sentem em relação a decisões pessoais, desde com quem se casar a que emprego aceitar."

Vejamos a pontuação de Joanna de Ângelis referente à raiva: "Quando a raiva se deriva de uma doença, de um prejuízo financeiro, da traição de um amigo, da perda de um emprego por motivo irrelevante, de algo mais profundo e imaterial, a resignação não impede que se lhe dê expansão para, logo após, eliminá-la. Chorar, considerar a ocorrência injusta, descarregar a emoção do fracasso, gastar a energia em uma corrida ou num trabalho físico estafante, projetar a imagem do ofensor, quando for o caso, em um espelho, elucidando a raiva até diluí-la, são admiráveis recursos, dentre outros, para anular os seus efeitos danosos."[101]

Em resumo, a orientação de Joanna de Ângelis pode ser assim compreendida:

- Chorar: é um modo rápido de extravasar o aperto no peito.
- Descarregar a emoção: falar o que está sentindo.
- Gastar a energia: dissipar a tensão corporal com exercícios.
- Espelho: imaginar um diálogo com a pessoa que discutiu e dizer tudo o que sente.

---

101 Divaldo FRANCO, *Autodescobrimento*, p. 134.

CAPÍTULO 32

SAÚDE PSICOLÓGICA

Inicialmente, a saúde psicológica é obtida por meio da evolução, ocasião em que o sujeito vai superando seus conflitos internos e ampliando suas capacidades e compreensão. No estágio em que nos encontramos, a Psicologia oferece a psicoterapia a fim do indivíduo saber lidar com os pensamentos e as emoções, aprender a enfrentar frustrações e limites, a superar conflitos, a reconhecer seus valores, a cuidar do corpo, aprender a se relacionar e a viver com pessoas, a lidar com sua sexualidade, a enfrentar a adversidade... A boa alimentação, o contato com a espiritualidade, o lazer, favorecem o equilíbrio pessoal.

Uma proposta ampla do cuidado psicológico é oferecida por Joanna de Ângelis: "...a saúde psicológica decorre da autoconsciência, da libertação íntima e da visão correta que se deve manter a respeito da vida, das suas necessidades éticas, emocionais e humanas."[102]

Para haver saúde psicológica é preciso abandonar o patamar gerador de desajustes e ascender a um patamar

---
102 Divaldo FRANCO, *O homem integral*, p. 85.

mais construtivo que proporciona crescimento. As três atitudes indicadas para a obtenção da saúde psicológica oferecem isso.

Autoconsciência

Autoconsciência é a "consciência que reflete sobre si própria, sobre sua condição e seus processos."[103] A autoconsciência é mais abrangente que o autoconhecimento, que consiste no conhecimento de si mesmo e das características pessoais. Apropriada é a explicação de autoconsciência pela Benfeitora: "(...) resulta de uma forma de dilatação do que se sabe, de uma consciência vigilante e lúcida do que se realiza, expandindo a vida e, como efeito, graças ao dinamismo adquirido, sentir-se liberado de tensões, fora de conflitos. Esta conquista de si mesmo enseja maior soma de realizações, mais amplo campo de criatividade, mais espontaneidade."[104]

Como se vê, é um estado vigil, desperto, alerta, cuidadoso, interessado, acordado sobre si mesmo e sua existência, obtendo um alto grau de eficácia na utilização de seus recursos pessoais e no aproveitamento reencarnatório, o que difere do estado de devaneio, dispersão, alheamento, massificação, distração que deixa o sujeito ao sabor dos acontecimentos, sem prioridades, fazendo o que todo mundo faz.

Libertação íntima

Ao longo da vida enfrentamos situações pessoais, familiares e sociais diversas, aquelas de natureza confli-

---

103 *Dicionário Houaiss da língua portuguesa.*
104 Divaldo FRANCO, *O homem integral,* p. 59.

152 Desafios de mudar

tuosa que produzem traumas, bloqueios, repressões etc. causando limitações, tormentos e sofrimentos que restringem a vida.

Uma pessoa que passa por uma rejeição amorosa, por exemplo, pode ficar de tal forma abalada que entra em pânico só de pensar em conhecer alguém para um relacionamento. É importante resolver os impedimentos internos para que possamos fluir com a vida. O autoconhecimento e a autoconsciência permitem ao indivíduo identificar os traumas, bloqueios, repressões e equacioná-los a fim de levar a um estado ampliado da compreensão.

Visão correta
Ampliando nossa consciência, resolvendo os tormentos internos, percebemos bem mais a vida sem a intromissão dos desajustes pessoais, discernimos melhor ante as escolhas da vida com mais chance de acertarmos.

CAPÍTULO 33

VISUALIZAÇÕES SAUDÁVEIS

O psiquiatra psicanalista Gerald Epstein, americano, conta em seu livro *Imagens que Curam*, que em 1974 ele passou seis semanas em Jerusalém como professor convidado de direito e psiquiatria na Escola de Medicina Hadassa. Lá ele conheceu "um jovem que havia passado por três anos de psicanálise intensiva – cinco vezes por semana – para se livrar de uma persistente depressão. Sua análise lhe havia fornecido pouco alívio. Após estes três anos infrutíferos, ele procurou uma mulher que praticava 'imagens visuais' ou, mais precisamente, a terapia do 'sonho acordado'. Ele havia tido quatro sessões com ela – uma por semana, durante um mês – e se considerava curado."[105]

Este relato de Epstein mostra a importância da recomendação de Joanna de Ângelis com o trabalho de visualização, algo que precisa ser mais explorado. "Uma visualização correta dos planos que podem ser antecipados pelo pensamento, gerando imagens ideais para a exis-

---
105 Gerald EPSTEIN, *Imagens que curam*, p. 11.

154 Desafios de mudar

tência, na saúde, no trabalho, na sociedade, no comportamento, faz-se psicoterapia edificante para ser alcançada a posição que se anela. Isto porque, as imagens construídas no psiquismo terminam por impregnar o superconsciente e alimentá-lo, auxiliando o ego a superar as constrições impostas pelos fenômenos decorrentes do curso existencial."[106]

Entendemos o trabalho de visualização até como um meio de corrigirmos nosso modo de pensar, colocando em nossa mente imagens mais positivas, substituindo os palavrões, o ódio, o ressentimento... Aliás, o próprio Epstein usa a analogia de que somos jardineiros e precisamos separar as ervas daninhas das sementes. "Doenças, enfermidades e convicções negativas são ervas daninhas que permitimos crescer em nossos jardins pessoais. Emoções tais como ansiedade, depressão, medo, pânico, preocupação e desespero também são ervas daninhas. O negativismo e as emoções estão intimamente ligados às doenças e enfermidades. (...) Da mesma forma, convicções positivas nos trazem emoções positivas, como humor, alegria e felicidade, e os pesquisadores têm demonstrado que as emoções positivas estão ligadas a respostas imunológicas positivas.

A técnica de imagens mentais serve para limpar as convicções negativas do tipo 'ervas daninhas' e substituí-las por convicções positivas, sementes. À medida que você se torna jardineiro de seu próprio jardim, a autocura se torna possível."[107]

---

106 Divaldo FRANCO, *Triunfo pessoal*, p. 92.

107 G. EPSTEIN, *Imagens que Curam*, p. 11, 18, 19.

Com todas estas informações, já podemos começar a treinar a visualização nas várias áreas de nossa vida. Exemplos de visualizações:

- Vida/existência: imaginar que estou cumprindo minha programação reencarnatória, resgatando meus débitos, desenvolvendo qualidades...
- Saúde: criar imagens de cura de alguma doença ou de algum comportamento persistente: pessimismo, irritabilidade...
- Trabalho: idealizar que você está se realizando profissionalmente e ajudando outras pessoas...
- Sociedade: conceber uma sociedade harmônica, com pessoas amistosas onde você consegue interagir bem com elas...
- Comportamento: projetar que você é sociável, comunicativo, altruísta, que tem domínio sobre as emoções...

Capítulo 34
Terapia do perdão

Normalmente, a pessoa magoada ou ressentida usa uma lógica insensata quando não perdoa o seu ofensor alegando que ele não merece; é como se ao guardar o ressentimento estivesse punindo o ofensor, quando na verdade está acabando com sua saúde. Seu ressentimento ou desejo de vingança o liga mentalmente ao ofensor. Os efeitos danosos desta atitude se dão por causa das "Fixações mentais pessimistas, adoção de mágoas e anseios de vingança; ciúme e rebeldia emocional transformam-se em tóxicos destrutivos..."[108] Muitas doenças físicas e emocionais não alcançadas pelos exames e diagnósticos médicos têm aí a sua origem.

Guardar mágoas é um indicativo de nossa imperfeição moral, pois ainda nos machucamos com o que os outros falam e fazem, não temos capacidade de compreender e perdoar. Precisamos cuidar de nossa imperfeição e não culpar e perseguir o ofensor.

---
108 Divaldo FRANCO, *Liberta-te do mal*, p. 140.

Terapia do perdão 157

Aqui propomos uma reflexão: a ofensa tem o poder de devastar o ofendido, ou é este que dá poder arrasador à ofensa? Os métodos humanos de resolver as divergências dos relacionamentos têm predominância do orgulho e da vaidade, como alguns ditados populares ilustram: "não dar o braço a torcer", "não levar desaforo para casa", "com quem você pensa que está falando?" São medidas rasteiras contrárias à proposta inigualável de Jesus – de perdoar o ofensor.

Ultimamente, tem sido crescente a preocupação com a saúde da população; reportagens apresentam os efeitos da boa e da má alimentação, as ciclovias espalhadas pela cidade, o incentivo aos esportes, à meditação sendo incorporados à cultura. Contudo, um corpo saudável com uma mente que guarda ressentimento, ódio, raiva pode trazer boa saúde e uma vida aprazível? É preciso cuidar do corpo e da mente, no tocante ao tema deste capítulo, o perdão. Segue a seguinte recomendação: "Na escala dos acontecimentos morais que dizem respeito à saúde integral, merece destaque a contribuição terapêutica do perdão das ofensas. Todo aquele que mantém ressentimento anelado pelo desforço carrega uma brasa viva na mão, objetivando atirá-la no adversário. Em sua aflição doentia, que faculta o anelo de vingança, não se dá conta que, enquanto conduz o elemento responsável pelo desforço tem a mão queimada... Se tu, portanto, aquele que, de imediato, perdoa. Não creias que, ao fazê-lo, o teu inimigo fique indene à responsabilidade decorrente do ato ignóbil praticado." [109]

---

109 Divaldo FRANCO, *Liberta-te do mal*, p. 141.

Lembre-se que você não precisa ser um Espírito perfeito para perdoar, também não pense que você tem que amar o ofensor para perdoá-lo. Mesmo com reservas e dificuldades, se esforce para perdoar. É um exercício de compreensão, de superação do orgulho. Assim, vamos melhorando e aprendendo a ter simpatia e afeto pelo *suposto* inimigo ou ofensor.

Parte III

Obsessão espiritual

Na terceira parte, vamos tratar de um assunto ignorado pela ciência oficial que afeta diretamente a saúde e o equilíbrio do ser humano, que é a obsessão espiritual ou a influência perniciosa que espíritos exercem sobre o encarnado.

Todo esforço da ciência para minimizar ou curar o sofrimento humano é insuficiente se não for levado em conta a imortalidade do indivíduo, que não começou sua história na vida presente, mas é um viajor de milhares de existências. Isso implica ter vivenciado milhares de personalidades, estabelecido vínculos afetivos amistosos e inamistosos com milhares de criaturas, ter sido educado em quase todas as culturas da Terra, tudo isso é o que vai tipificar a personalidade atual. A saúde ou a dor, a sanidade ou a perturbação são heranças de ações anteriores nesta ou em vidas passadas, que vêm registradas no corpo espiritual ou perispírito.

As relações interpessoais estabelecidas nestas muitas vidas produziram amizades, estreitamentos afetivos, atritos e inimizades. No caso das inimizades, aqueles que se julgam traídos, prejudicados, vitimizados quando não perdoam seus supostos algozes, os perseguem querendo vingança, aí está a obsessão espiritual, como esclarece o codificador do Espiritismo, Allan Kardec:[110] "A obsessão é a ação continuada que um mau Espírito exerce sobre um indivíduo. Apresenta características muito diversas, desde a simples influência moral, sem sinais exteriores que se percebam, até a completa perturbação do organismo e das faculdades mentais."

O obsessor pode sugerir à sua vítima cometer atitudes ilícitas, induzi-la ao alcoolismo, causar medo, alimentar a desesperança, provocar intrigas nos relacionamentos, até levá-la ao desequilíbrio psíquico e a doenças por conta de suas energias danosas. Em alguns casos, o sujeito que esteja em tratamento médico ou sendo acompanhado pelo psicólogo em psicoterapia, pode ter grande parte ou até mesmo todo o tratamento prejudicado por conta da influência espiritual.

Os temas abordados aqui foram extraídos da obra de Joanna de Ângelis, especificamente da série psicológica, mostrando como a obsessão espiritual pode estar associada a diversas perturbações, ao comportamento, às doenças.

---

110 Allan KARDEC, *O evangelho segundo o espiritismo*, cap. 28.

Capítulo 35
Abertura para a obsessão espiritual

Alguns acontecimentos que são classificados dentro do rol natural da vida humana não despertam nenhuma desconfiança que possa ter um desdobramento perigoso. Por exemplo, perder o emprego é algo a que quase todas as pessoas estão suscetíveis. Algumas criaturas se chateiam, mas logo se recompõem, outras, no entanto, dão valor exagerado ao acontecido, ficam arrasadas e podem utilizar o álcool para aplacar sua angústia e cair na depressão. Nesse exemplo fica discernível que cada pessoa tem respostas diferentes diante do mesmo fato, a depender de seu estado saudável ou desequilibrado.

Quanto mais resolvermos nossos conflitos pessoais e desenvolvermos nossas qualidades intelectuais e morais, menos suscetíveis estaremos aos reveses e provocações. Não quer dizer que os problemas desaparecerão e estaremos totalmente imunes às influenciações diversas, mas nos abalaremos menos! Essa firmeza é importante para não ser a porta de entrada da obsessão espiritual, como esclarece Joanna de Ângelis: "Qualquer desconserto moral, afetivo, econômico, social, desportivo e de outra natureza

162 DESAFIOS DE MUDAR

que te ocorra, abre as comportas do equilíbrio vibratório, deixando-te susceptível para sintonizar com os Espíritos obsessores, que permanecem aguardando oportunidade própria."[111]

É importante refletir que muitos indivíduos dramatizam demais algumas decepções, perdas, provocações, oposições, como se fosse muito vergonhoso e humilhante. É uma personalidade frágil, atormentada, que dá muita importância para o que os outros pensam ou falam dela. O problema não é o que o outro pensa dela, é o valor que ela atribui à fala do outro. Esse melindre é a porta de entrada do obsessor, que vai manipular pessoas para afrontá-la e desestabilizá-la, conseguindo dominá-la pela obsessão.

Estamos reencarnados para evoluir, portanto, precisamos aprender com os revezes da vida, caso contrário eles se repetem. Como enunciou Joanna de Ângelis, estamos sujeitos ao "desconserto moral, afetivo, econômico, social, desportivo e de outra natureza", cientes disso, a pergunta é: como lidar com tais situações? Já sabemos que se deixar guiar pelo emocionalismo através dos gritos, xingamentos, agressão, ressentimento é abrir as portas de entrada da obsessão espiritual, então, não é por aí! Tais situações podem incomodar, mas vamos conter as emoções, raciocinar e ponderar, lembrando do "vigiai e orai"! À medida que vamos "treinando" enfrentar com calma e ponderação, adquirimos o domínio das emoções e a destreza racional.

---

111 Divaldo FRANCO, *Sendas luminosas*, p. 189.

CAPÍTULO 36
Obsessão e complexo de inferioridade

Todos nós, na trajetória evolutiva, carregamos conflitos e limites como qualidades e possibilidades, inerentes ao progresso alcançado. Tudo contribui para a melhoria; os conflitos trazem sofrimento que impulsionam o indivíduo a superá-los com a mobilização dos seus recursos psíquicos, portanto ativando suas qualidades e despertando outras, avançando sempre mais.

Os conflitos ou tormentos não resolvidos tornam o sujeito vulnerável tanto na área psicológica quanto na área espiritual. No âmbito psicológico, a fragilidade se manifesta na preocupação do que os outros pensam dele, na insegurança, no sentimento de menos-valia, na dificuldade de se expressar, na autoimagem distorcida... No setor espiritual, a debilidade é porta de entrada para o obsessor, como esclarece Joanna de Ângelis: "Vitimado por não confessável complexo de inferioridade, em que se compraz, não acredita merecer afeição, ampliando a área dos conflitos e abrindo espaço para vinculação ter-

164 DESAFIOS DE MUDAR

rível com parasitas espirituais, que se transformam em estados obsessivos de larga duração."[112]

No capítulo 24 deste livro abordamos o assunto complexo de inferioridade. Aqui vamos abordar novamente o tema levando em conta a interferência espiritual.

No texto de Joanna de Ângelis fica claro que antes do indivíduo ser atacado pelo obsessor, ele mesmo faz mal a si próprio, como se fosse o seu obsessor, por se comprazer no complexo de inferioridade; parece que ele gosta de se sentir inferior, talvez assim se torne visível aos outros. Por conta de se conceituar inferior, o sujeito acredita não merecer afeto. O próprio sujeito é que se enreda nesse círculo vicioso: acredita ser inferior, portanto não merece ser amado; não sendo amado, sente-se pior, assim vai alimentando o círculo vicioso... Diante dessa fragilidade, sem forças para se defender, dá abertura para intromissão obsessiva. Quando se trata de obsessão cármica, na qual há vinculação do passado, o obsessor sabe quais são os pontos fracos do encarnado e como desestabilizá-lo. Aproveita desse expediente – conhecimento do passado –, mais a fragilidade presente, para torturar sua vítima com suas induções e agressões.

É preciso lembrar que o obsessor não tem comiseração de sua vítima; quando não consegue se vingar do jeito que gostaria, pode contratar o serviço de técnicos em obsessão, que dominam várias práticas: perturbação, aflição, hipnose, envolvimento fluídico, telepatia... Nos casos mais graves de obsessão espiritual, o obsidiado apresenta sintomas de transtornos mentais (alienação, aluci-

---

112 Divaldo FRANCO, *Amor, imbatível amor*, p. 46.

Obsessão e complexo de inferioridade 165

nação, angústia, delírio), sendo tratado com medicamentos que podem deixá-lo pior.

Precisamos aprender a lidar com o sucesso e a derrota sem nos massacrar, se não deu certo vamos nos preparar mais ou procurar outro caminho. É natural que haja erros, acertos e empates em nossa vida. Entretanto, se subestimar, se comparar negativamente, se desprezar, se maltratar, são atitudes que geram tormentos e fazem o indivíduo perder o valor pessoal e o sentido da vida.

CAPÍTULO 37

Obsessão e conflitos

No dia a dia, situações diversas, como contatos com pessoas próximas ou não, problemas para resolver, filas, esbarrões, mudança de tempo, trânsito, tendem a mexer com o nosso humor e muitas vezes ficamos abatidos, irritados e estressados, mas também animados com coisas boas que acontecem. Mas, se as situações ruins se repetem no cotidiano, e observo que todo dia fico acabado com a rotina do dia, me irrito demais com as contrariedades, sou intolerante com as pessoas, preciso mudar o meu modo de encarar estas situações. Eu não posso mudar os outros, mas posso mudar minha maneira de interpretá-los.

Quando este cenário importuna demasiadamente o sujeito, evidencia que ele tem conflitos ou perturbação que o deixa fragilizado, intolerante, se sentindo ameaçado, desprezado etc. Por exemplo, alguém que se sente inferior pode achar que todo mundo quer colocá-lo para baixo. Essa pessoa vive o tempo todo se defendendo ou atacando os supostos inimigos.

Nós temos a capacidade de mudar hábitos, de aprender novos comportamentos, de aumentar a tolerância, de compreender mais os acontecimentos. Quanto mais resolvermos nossos conflitos e melhorarmos nossos conhecimentos intelecto-morais, mais fortalecidos ficaremos e menos suscetíveis à influência espiritual doentia. E Joanna de Ângelis[113] mais uma vez vem nos esclarecer descrevendo algumas maneiras pelas quais a obsessão espiritual se instala: "Surgindo como distonia nervosa, alucinação visual ou auditiva, sensações de mal-estar e inquietação, ansiedade ou frustração, insegurança ou desconfiança soez, revolta ou fixação mental exagerada, pode também apresentar-se de golpe, em investida violenta que desarticula os equipamentos psíquicos em forma de loucura."

Observemos que esses comportamentos habituais parecem ser corriqueiros, até inofensivos ao indivíduo, que não se dá conta de que sua mente está sendo invadida de modo sutil por um pensamento alheio e dominante – a do obsessor.

Além das formas sutis que os obsessores utilizam para invadir a casa mental alheia, eles também entram de forma abrupta e inesperada. Em *Grilhões Partidos* há o relato de um caso interessante, da jovem Ester que na comemoração do seu aniversário de quinze anos é dominada por um espírito, de forma brusca, assustando todos os convidados. Descreve Miranda: "De repente, tudo mudou. (...) Ester se perturbou momentaneamente, o corpo delicado pareceu vergar sob inesperado choque elétrico. Ela se voltou, de inopino, e fixou os olhos muito abertos,

---

113 Divaldo FRANCO, *Dias gloriosos*, p. 172.

168 Desafios de mudar

quase além das órbitas, no genitor. Estava desfigurada: palidez marmórea cobria-lhe o semblante. (...) Ergueu-se algo cambaleante, fez-se rígida. O fácies era de tresloucada. (...) A adolescente avançou na direção do pai aparvalhado, sem ânimo de a acudir, e, sem maior preâmbulo, acercou-se dele, estrugindo-lhe na face ruidosa bofetada. Este se ergueu, congestionado, ao tempo em que a filha novamente o agrediu por segunda vez. (...) A menina, alucinada, pôs-se a gritar, sendo, à força, conduzida à alcova.

Agitada, Ester blasfemava, esbordoando moralmente o genitor, mediante expressões lamentáveis. Os verbetes infamantes escorriam-lhe dos lábios, insultuosos, ferintes, desconexos. A presença do pai mais a exaltava, como se fora acometida de loucura total, na qual se evidenciava rancor acentuado, de longo curso, retido a custo por muito tempo e que espocava voluptuoso, assustador."[114]

O que ocorre nessa trama era que o obsessor era inimigo do pai de Ester, mas como não conseguiu agredi-lo quando o encontrou, atingiu a filha de quem obteve receptividade. O ódio do obsessor era tão grande pelo pai da jovem, que ele a subjugou e a manipulou para agredir o pai. A jovem ficou tão desequilibrada pela subjugação do obsessor que recebeu o diagnóstico de esquizofrênica sendo posteriormente internada em hospital psiquiátrico. Alguém pode estranhar no relato o fato do obsessor não conseguir atingir diretamente o seu algoz, mas sim a sua filha. É uma questão de sintonia, uma vez que Ester tinha débitos do passado que a tornavam vulnerável.

---

114 Divaldo FRANCO, *Grilhões partidos*, p. 28.

Obsessão e conflitos 169

Aí temos dois exemplos de atuação dos obsessores: no primeiro caso a atuação ocorre de forma sutil (eles se valem de nossas inquietações para se insinuarem); no segundo caso eles invadem de forma inesperada.

Capítulo 38

Obsessão e depressão

Como você lida com a frustração, a perda, a rejeição, a doença, os limites, a dor, a ameaça, a provocação, a morte, o desemprego, o abandono? Poderá haver várias reações: apatia, chateação, raiva, desesperança, desistência, alcoolismo, agressão, descrença. Pessoas mais maduras espiritualmente vão ponderar, orar, buscar ajuda.

A pessoa que não sabe lidar com as dificuldades problematiza a situação e tende a culpar a si mesma por algo que não deu certo, ou se subestima, se desqualifica, se autoagride. Esta pessoa vai se machucando, se colocando para baixo, perde o interesse pelas coisas, fica desvitalizada e aí surge a depressão: humor triste, desânimo, infelicidade, sem esperança, sentimentos de desvalia. A depressão não é má sorte que surge sem aviso prévio, é previsto, é consequência do que cultivamos com os pensamentos, as emoções e as atitudes. Há criaturas que se maltratam dia a dia. Joanna de Ângelis lenciona: "Nas patologias depressivas, há muito fenômeno de ódio embutido no enfermo sem que ele se dê conta. A indiferença pela vida, o temor de enfrentar situações novas, o pessimismo disfarça mágoas,

Obsessão e depressão 171

ressentimentos, iras não digeridas, ódios que ressumam como desgosto de viver e anseio por interromper o ciclo existencial." [115] Este comportamento auto-obsessivo é uma porta escancarada para a obsessão espiritual, que não oferece resistência às ideias perturbadoras do obsessor. Joanna de Ângelis comenta os efeitos da obsessão espiritual esclarecendo: "Perseguições sistemáticas, ininterruptas, exaurem criaturas susceptíveis que se entregam a depressões arrasadoras ou a surtos esquizofrênicos com recidivas constantes." [116] Quero fazer uma analogia referente à explanação da Benfeitora; se você conviver com um chefe ou parente muito difícil, agressivo, desrespeitoso durante algumas horas todos os dias, seu estado psicológico e físico ficará abalado, não é? Agora pense em uma perseguição constante de um obsessor espiritual com o propósito de fazer o mal, carregado de ódio, com técnicas hipnóticas, com conhecimento de energias perturbadoras, o que ele pode fazer! Ele induz, convence sua vítima a alimentar ideias fixas: acerca de doenças, de que não recebe amor e atenção de ninguém, de que não vale a pena viver, que não tem valor... Estas condições são terras férteis à depressão e à esquizofrenia!

---

115 Divaldo FRANCO, *O homem integral*, p. 45.
116 Idem, *No rumo da felicidade*, p. 86.

Capítulo 39

Obsessão e infelicidade

A recomendação de Jesus em Mt. 26,41, "Vigiai e orai, para que não entreis em tentação..." é sempre atual porquanto "...Larga faixa de obsessões arrasta incautos no seu curso e atira-os aos estados de aparente loucura, de infelicidade interior, que dominam expressivo grupo da sociedade terrestre."[117]

Um dos facilitadores da obsessão espiritual é o que carregamos em nosso inconsciente, os registros das experiências passadas e presentes, aquelas de cunho criminoso, imoral, podem provocar culpas que detêm o sujeito nas lembranças desconcertantes. Por conta de tais conflitos internos e o vício social de destacar o lado negativo da vida e das experiências pessoais, o sujeito se demora em lembranças amargas esquecendo as recordações das experiências alegres, motivadoras. Assevera Joanna de Ângelis: "Há um arraigado hábito no ser humano de recordar-se dos insucessos, dos maus momentos, das contrariedades,

---
117 Divaldo FRANCO, *No rumo da felicidade*, p. 86.

Obsessão e infelicidade 173

das tristezas e das agressões sofridas em detrimento das muitas alegrias e benesses que são deixadas em plano secundário nos painéis da memória. Esse comportamento produz o ressumar do pessimismo, da queixa, do azedume, da depressão."[118]

A permanência nessas memórias, por si mesma, são altamente danosas pelos desdobramentos que produzem: a fixação mental, a alteração emocional e a somatização, refletindo na autoimagem, na autoestima e no autoamor. Isso leva à fragilidade das defesas pessoais facilmente aceitando a indução obsessiva.

Como ilustração da infelicidade arquitetada pelo obsessor, mencionamos *Trilhas da Libertação*, cuja narrativa descreve a vida de uma jovem perseguida pelo ex-marido, quem, na vida passada, havia traído e assassinado por envenenamento. O crime praticado por ela já lhe causava tormentos atrozes pelas lembranças e pela culpa. O Benfeitor Miranda narra a estada dela no Centro Espírita buscando ajuda: "Uma jovem frágil e pálida, sentada à mesa, chamou-nos a atenção. Percebíamos-lhe o esforço para manter-se concentrada em ideias otimistas, superiores, nos textos que foram lidos... A mente parecia fugir-lhe ao controle, e, acompanhando-lhe atentamente a luta, notamos que lhe assomavam do inconsciente atual os conflitos psicológicos que a atormentavam. Deveria estar com 30 anos de idade, e uma grande amargura se lhe desenhava na alma sensível. Repassava os seus sonhos

---

118 Divaldo FRANCO, *Psicologia da gratidão*, p. 69.

174 Desafios de mudar

e aspirações de menina-moça, que lhe pareciam sempre malogrados, e guardava no íntimo uma grande mágoa pela solidão que experimentava. Ansiava por amar e ser amada, no entanto sentia-se repelente, porque todos os rapazes que dela se aproximavam, após os primeiros contatos superficiais, afastavam-se rapidamente, deixando-a frustrada, decepcionada."[119]

Prossegue o Benfeitor: "Enquanto lhe acompanhávamos as reflexões íntimas, percebemos a presença de taciturno Espírito, portador de uma face marcada pelo ódio, que a inspirava negativamente. Ele exercia grande controle emocional e psíquico sobre ela. Observamos, também, que lhe roubava energias do aparelho genésico, que se apresentava escuro, com manchas negras e obstruções vibratórias em vários dos seus órgãos… Acompanhamos o penoso processo de vingança que exercia contra sua vítima, interpenetrando a sua mente na dela. Destilando amargura e escarnecendo-a, ele passou a controlar-lhe o centro coronário, o cerebral e o cardíaco, produzindo-lhe sudorese abundante e colapso periférico, seguidos de alteração respiratória. Subitamente comprimiu-lhe com força os ovários como se desejasse estrangulá-los, e gargalhou, estentórico. A paciente perdeu o controle e gritou, sendo logo dominada pelo sarcasmo que ele injetava na perseguição implacável."

Todo o drama que Raulinda sofria na vida presente era consequência dos erros do passado. A sede de amar

---

119 Divaldo FRANCO, *Trilhas da libertação*, p. 80 e 81.

Obsessão e infelicidade **175**

e de ser amada estava impedida pela traição do passado, pois os tormentos provocados pelo obsessor encontravam receptividade no seu sentimento de culpa. A reencarnação por si só já é a terapia de reparação e crescimento. De acordo com a narrativa, Raulinda conheceu o Espiritismo, participou de estudos e começou a colaborar no bem, o que foi favorável à sua recuperação.

CAPÍTULO 40

OBSESSÃO E SUICÍDIO

A influência do obsessor espiritual provoca alterações nos pensamentos: fixação mental ou monoideia, perturbações emocionais, modificações orgânicas como a somatização, intrigas nos relacionamentos interpessoais, e a sensibilidade mediúnica, permitindo a percepção de todas estas perturbações. Além disso, eles induzem suas vítimas a desistirem da vida. Joanna de Ângelis[120] nos alerta mais uma vez: "...com predominância da mente do usurpador sobre aquele que o suporta, pelo aturdimento e pelos distúrbios que produz, induzindo-o telepaticamente às fugas da existência física, seja pelo abandono de si mesmo, pelos maus tratos que impõe aos afetos e a todos quantos o cercam, ou através do suicídio."

Quantas pessoas desistem do sonho tão esperado de fazer um curso técnico ou universitário? Quantas criaturas ficam inseguras de concorrer ou assumir uma promoção profissional? Quantos homens e mulheres fogem de

---
120 Divaldo FRANCO, *Gloriosos*, p. 172.

um relacionamento amoroso por se sentirem desinteressantes? Estas são maneiras de *abandonar a si mesmo*, por sugestões de obsessores que querem neutralizar qualquer progresso de suas vítimas. Há muitas pessoas que ficam tempo demais no impasse: caso ou não caso, mudo de emprego ou não, faço uma viagem ou não, me aproximo da pessoa com quem briguei ou não... Estas indecisões facilitam a intromissão do obsessor para semear mais dúvidas.

O mais nefasto é o suicídio induzido pelo obsessor, que aproveita da fragilidade de sua vítima para lhe insuflar o aniquilamento do corpo físico como única solução para atenuar seu sofrimento, entendido como atitude corajosa e honrosa.

Os obsessores procuram os pontos fracos do sujeito, abarrotando sua cabeça de imagens perturbadoras. Entretanto, não é porque o obsessor induz alguém ao suicídio que esta pessoa não tenha sua cota de responsabilidade em todo esse processo, pois ao abrigar ideias suicidas, atrai, inicialmente, o obsessor. Contudo, nas Leis de Deus são levados em conta os atenuantes e os agravantes. A esse respeito, os Benfeitores[121] dão o seguinte esclarecimento:

"Ao Guia do médium — Um Espírito obsessor pode, realmente, levar o obsidiado ao suicídio?

R. Certamente, pois a obsessão que, por si mesma, já é um gênero de provação, pode revestir todas as formas. Mas isso não quer dizer isenção de culpa. O homem dispõe sempre do livre-arbítrio e consequentemente está em si o ceder ou resistir às sugestões a que o submetem.

---

121 Allan KARDEC, *O céu e inferno*, c. 5, p. 274.

178 Desafios de mudar

Assim é que, sucumbindo, o faz sempre com assentimento da própria vontade. Relativamente ao mais, o Espírito tem razão dizendo que a ação incitada por outrem é menos culposa e repreensível do que quando voluntariamente cometida."

As pessoas que, eventualmente, estejam passando pelo processo obsessivo, sentindo-se atormentadas, desiludidas com a vida e com a ideia persistente de suicídio, aconselhamos que busquem um Centro Espírita e procurem o Atendimento Fraternal onde serão ouvidas e encaminhadas para o tratamento espiritual. Os cursos de Espiritismo, igualmente, poderão esclarecer acerca da razão da obsessão espiritual, da finalidade da reencarnação, dos motivos das dores, mostrando que estamos aqui para evoluir.

O que você está sofrendo é temporário, vai passar, e você vai ficar bem.

Capítulo 41

Auto-obsessão

A obsessão espiritual é a influência que um espírito exerce sobre uma pessoa, por conseguinte a auto-obsessão é o tormento que o indivíduo faz a si próprio. Exemplos desse tormento são: o egoísmo, o narcisismo, a hipocondria, ocasião em que a mente fica detida excessivamente em si mesma. Joanna de Ângelis[122] esclarece qual é o móvel da auto-obsessão: "os tormentos da consciência de culpa, se ...insculpem em forma de auto-obsessão, revivendo acontecimentos danosos ou congelantes de vivências anteriores, de que se não pôde o Espírito libertar."

Ampliando ainda mais as informações sobre o efeito da culpa, o Dr. José Carneiro de Campos explica que "...a consciência de culpa do devedor faz um mecanismo de remorso que se transforma em desajuste da energia vitalizadora, que passa a sofrer-lhe os petardos e termina por produzir, como não desconhecemos, a auto-obsessão, ou engendra quadros de alienação mental conhecidos na psicopatologia sob denominações variadas. A consciên-

---

122 Divaldo FRANCO, *Dias gloriosos*, p. 58.

180 DESAFIOS DE MUDAR

cia culpada do Espírito que se arrepende do mal que praticou, mas não se reabilita, emite vibrações perniciosas que o perispírito encaminha ao cérebro, perturbando-lhe as funções."[123]

Para simplificar a compreensão do que foi exposto clarificamos que a consciência de culpa leva ao remorso que desajusta a energia vitalizadora, produzindo a auto--obsessão.

A auto-obsessão favorece a obsessão espiritual, porque o indivíduo, uma vez perturbado, estabelece sintonia com o obsessor que também margeia a mesma condição ou sintonia.

Na *Revista Espírita* de 1862, p. 364, Allan Kardec cita alguns exemplos do auto-obsidiado, como decorrência de comportamentos excêntricos: "Releva dizer ainda que a gente muitas vezes responsabiliza os Espíritos estranhos por maldades de que não são responsáveis. Certos estados mórbidos e certas aberrações, que são atribuídas a uma causa oculta, são, por vezes, devidas exclusivamente ao Espírito do indivíduo. As contrariedades frequentes concentradas em si próprio, os sofrimentos amorosos, principalmente, têm levado ao cometimento de muitos atos excêntricos, que erradamente são levados à conta de obsessão. Muitas vezes a criatura é seu próprio obsessor."

Fica o alerta de observarmos como nós nos tratamos, se somos melindrosos, quanto tempo passamos remoendo ideias, atentar se dramatizamos a vida, observar se somos egocêntricos e sair dessa polarização doentia e viver a exuberância da vida.

---

123 Divaldo FRANCO, *Trilhas da libertação*, p. 28.

Capítulo 42

Obsessão e caráter mórbido

A recomendação de Jesus de amar a Deus sobre todas as coisas e ao próximo como a si mesmo compreende o exercício do amor como um sentimento elevado, uma atividade mental, comportamental e social fraterna. Para a Psicologia Positiva esta é uma atitude positiva, que acontece "...toda vez que emoções positivas – como amor, alegria, gratidão, serenidade, interesse e inspiração – tocam seu coração."[124] Os meios de comunicação e uma boa parte do diálogo entre as pessoas seguem caminhos opostos, giram em torno de acidentes, mortes, roubos, traições, alcoolismo, desemprego, inveja, azar, enchendo a cabeça de inquietação, desconfiança, medo, ansiedade, paranoia, afetando o apetite, o sono, o corpo, os relacionamentos e a existência. Para a Psicologia Positiva "Um estado de espírito positivo... leva os indivíduos a um modo de pensar criativo, tolerante, construtivo, generoso e desarmado."[125]

---
124 B.L. Fredrickson, *Positividade*, p. 23.
125 Martin E.P. SELIGMAN, *Felicidade Autêntica usando a nova psicologia positiva para a realização permanente*, p. 54.

182 DESAFIOS DE MUDAR

Só a leitura dessa proposta traz leveza em seguir o fluxo da vida, com boas perspectivas, em focar mais as boas coisas da existência, em dar mais risadas... Além do bem-estar daí proveniente, ainda afirma a Psicologia Positiva: "Existem evidências claras de que a emoção positiva funciona como previsão de saúde e longevidade, que são bons indicadores de reservas físicas."[126] Precisamos mudar de paradigma, sair do modelo enfermiço de ver e viver a vida, fruto do mundo de expiação e prova, e adotar um paradigma saudável e promissor qual o de *regeneração*!

A reflexão acima acerca dos sentimentos positivos visa contrapor e prevenir quanto aos planos nefastos dos obsessores "invejosos quão infelizes, vinculados às criaturas humanas por afetividade mórbida ou despeito cruento, estabelecem fenômenos de hipnose que retardam o desenvolvimento da consciência daqueles que lhes experimentam o cerco."[127]

A pessoa que não cuida de aprender a superar o lado doentio e negativo da vida, sintoniza com espíritos atormentados e cheios de ódio que vão fazê-lo acreditar que seja desprezível, desamado de todos, o que é condenável.

---

126 Martin E.P. SELIGMAN, *Felicidade Autêntica usando a nova psicologia positiva para a realização permanente*, p. 55.

127 Divaldo FRANCO, *O ser consciente*, p. 124.

Capítulo 43

Renovação

O tratamento empregado ao combate da obsessão é denominado pelo Espiritismo de desobsessão, e é realizado nos Centros Espíritas. Aqui não faremos referência a esse assunto, apenas falaremos da conduta do obsidiado. Pessoas que estão conhecendo o Espiritismo e estão obsidiadas reclamam que é injusto tal perseguição por não se lembrarem de terem feito mal ao espírito. Aceitando ou não aceitando, a obsessão se instaura porque soou o tempo da reparação e da renovação, porque não é possível prosseguir na vida carregando dívidas que limitam suas expressões, retendo-o no passado. Como leciona o Benfeitor Áulus: "...ninguém pode avançar livremente para o amanhã sem solver os compromissos de ontem."[128]

É o chamado para a realidade da vida, pela dor! A inconformação de estar sendo obsidiado revela ignorância sobre a transcendência da existência, e ao mesmo tempo vai despertar o indivíduo para esta realidade. "Somente há

---
128 Francisco C. XAVIER, *Nos domínios da mediunidade*, p. 82.

184 DESAFIOS DE MUDAR

obsidiados porque há endividados espirituais, facultando a urgência da reparação das dívidas."[129]

Se em um primeiro momento parece um disparate, logo em seguida traz sentido à vida, quando o indivíduo se percebe tal qual o protagonista de sua vida. Então, ele começa a *pensar* a vida de forma mais ampla, como adulto responsável e não como criança que se vitimiza. É a Lei de Causa e Efeito convidando-o a se responsabilizar por suas ações e escolhas. Ele pode fazer as boas ou as más escolhas, sendo obrigado a colher o que semeou.

Como terapia para a conduta diante da obsessão espiritual a Benfeitora Joanna de Ângelis[130] instrui: "Para atenuar e vencer esse flagelo, tornam-se indispensáveis a prece, a paciência, a renovação dos propósitos morais do enfermo, a insistência na prática das ações libertadoras e, quase sempre, de um grupo de apoio que deve ter início no próprio lar, desde que aqueles com os quais o enfermo convive estão incursos no mesmo mecanismo depurativo."

---

129 Divaldo FRANCO, *Grilhões partidos*, p. 20.
130 Idem, *Dias gloriosos*, p. 174.

Livros Consultados

A Gênese – Allan Kardec. Tradução Victor Tollendal Pacheco. Livraria Allan Kardec Editora, 2005.

Além do cérebro – Grof S. Tradução Wanda de Oliveira Roselli. McGraw-Hill, 1987.

Amor Sempre – Adenáuer Novaes. Fundação Lar Harmonia, 2002.

Amor, Imbatível Amor – Divaldo P. Franco/Joanna de Ângelis. Livraria Espírita Alvorada Editora, 1998.

Árdua Ascensão – Divaldo P. Franco/Hugo V. Livraria Espírita Alvorada Editora, 1993.

Atitudes Renovadas – Divaldo P. Franco/Joanna de Ângelis. Livraria Espírita Alvorada Editora, 2009.

Autodescobrimento – Divaldo P. Franco/Joanna de Ângelis. Livraria Espírita Alvorada Editora, 1997.

Auto-estima e os Seus Seis Pilares – Branden, N. Tradução Vera Caputo. Editora Saraiva, 1997.

Auto-estima no trabalho – Branden N. – Editora Campus, 1999.

Conflitos Existenciais – Divaldo P. Franco/Joanna de Ângelis. Livraria Espírita Alvorada Editora, 2005.

Desperta e Seja Feliz – Divaldo P. Franco/Joanna de Ângelis. Livraria Espírita Alvorada Editora, 1996.

Dias Gloriosos – Divaldo P. Franco/Joanna de Ângelis. Livraria Espírita Alvorada Editora, 1999.

Dicionário da Alma – Xavier, F.C. Espíritos Diversos. FEB, 1964.

186 DESAFIOS DE MUDAR

Dicionário de Psicologia – Arnold, W., Eysenck, H.J., Meili. Editora Loyola, 1982.

Dicionário Houaiss: sinônimos e antônimos. Publifolha, 2008.

Dicionário Michaelis online UOL.

Diretrizes para uma Vida Feliz – Divaldo P. Franco/Marco Prisco. Livraria Espírita Alvorada Editora, 2013.

Encontrando Significado na Segunda Metade da Vida. Hollis J. – Novo Século Editora, 2011.

Encontro com a Paz e a Saúde – Divaldo P. Franco/Joanna de Ângelis. Livraria Espírita Alvorada Editora, 2007.

Evolução em Dois Mundos – Luiz, A. Médium Francisco C. Xavier. – FEB, 2005.

Felicidade Autêntica usando a nova psicologia positiva para a realização permanente – Seligman, M.E.P. – Objetiva, 2004.

Grilhões Partidos – Divaldo P. Franco/Miranda M.P. Livraria Espírita Alvorada Editora, 1993.

Imagens que Curam – Epstein, G. – Tradução Célia Szterenfeld – Xenon Editora, 1990.

Inteligência Emocional – Goleman D. – Tradução Marcos Santarrita. Objetiva, 1995.

Introdução à psicologia do Ser – Maslow, H.A. Tradução Alvaro Cabral – Eldorado.

Jesus e Atualidade – Divaldo P. Franco/Joanna de Ângelis. Editora Pensamento Ltda. 1989.

Jesus e Vida – Divaldo P. Franco/Joanna de Ângelis. Livraria Espírita Alvorada Editora, 2007.

Libertação do Sofrimento – Divaldo P. Franco/Joanna de Ângelis. Livraria Espírita Alvorada Editora, 2008.

Libertação pelo Amor – Divaldo P. Franco/Joanna de Ângelis. Livraria Espírita Alvorada Editora, 2005.

Liberta-te do Mal – Divaldo P. Franco/Joanna de Ângelis. EBM Editora, 2011.

Lições para a Felicidade – Divaldo P. Franco/Joanna de Ângelis. Livraria Espírita Alvorada Editora, 2005.

Livro dos Espíritos – Allan Kardec – Tradução J. Herculano Pires. LAKE. 2013.

Mecanismo da Mediunidade – Luiz, A. Médium Francisco C. Xavier. – FEB. 2003.

Livros Consultados 187

Mediunidade: Desafios e Bênçãos – Divaldo P. Franco/Miranda M.P. – Livraria Espírita Alvorada. 2012.

O Céu e o Inferno – Allan Kardec – Tradução João Teixeira de Paula. LAKE. 2013.

O Evangelho Segundo o Espiritismo – Allan Kardec – Tradução J. Herculano Pires. LAKE. 2013.

No Mundo Maior – Luiz, A. Médium Francisco C. Xavier. – FEB. 2003.

No Rumo da Felicidade – Divaldo P. Franco/Joanna de Ângelis.EBM Editora. 2008.

Nos Bastidores da Obsessão – Divaldo P. Franco/Miranda MP. FEB. 1970.

Nos Domínios da Mediunidade – Luiz, A. Médium Francisco C. Xavier. – FEB. 1995.

Nosso Lar – Luiz, A. Médium Francisco C. Xavier. – FEB. 2008.

O Consolador – Xavier, F.C./Emmanuel – FEB. 2013.

O Despertar do Espírito – Divaldo P. Franco/Joanna de Ângelis. Livraria Espírita Alvorada Editora. 2000.

O Homem Integral – Divaldo P. Franco/Joanna de Ângelis. Livraria Espírita Alvorada Editora. 2001.

O Novo Testamento – Dias H.D. – FEB. 2015.

O poder das Emoções Positivas – Baptista A. – Líder Edições Técnicas, Ida. 2012.

O Ser Consciente – Divaldo P. Franco/Joanna de Ângelis. Livraria Espírita Alvorada Editora. 1994.

Obsessão – O Passe – A Doutrinação – Pires, J.H. – Editora Paidéia Ltda.

Os Mensageiros – Luiz, A. Médium Francisco C. Xavier. – FEB. 2004.

Plenitude – Divaldo P. Franco/Joanna de Ângelis. Livraria Espírita Alvorada Editora. 2002.

Positividade – Fredrickson, B.L. – Tradução Pedro Libânio. – Editora Rocco Ltda. 2009.

Psicologia da Gratidão – Divaldo P. Franco/Joanna de Ângelis. Livraria Espírita Alvorada Editora. 2011.

Psicologia e mediunidade – Novaes, A. – Fundação Lar Harmonia. 2002.

Psicologia Positiva – uma abordagem científica e prática das qualidades humanas. Snyder C.R. Tradução Roberto Cataldo Costa. – ARTMED. 2009.

Rejubila-te em Deus – Divaldo P. Franco/Joanna de Ângelis. Livraria Espírita Alvorada Editora. 2013.

188 Desafios de mudar

Revista Espírita 1862 – Kardec A. – Tradução Julio Abreu Filho. EDICEL.

Roteiro – Xavier, F.C./Emmanuel. FEB. 1982.

Sendas Luminosas – Divaldo P. Franco/Joanna de Ângelis. Casa Editora Espírita Pierre-Paulo Didier. 1998.

Técnicas de Terapia Cognitiva manual do terapeuta – Leahy, Robert L. – Tradução Maria Adriana Veríssimo Veronese, Luíza Araújo. – ARTMED. 2006.

Temas da Vida e da Morte – Divaldo P. Franco/Miranda M.P. FEB. 2011.

Tesouros Libertadores – Divaldo P. Franco/Joanna de Ângelis. Livraria Espírita Alvorada Editora. 2015.

Tormentos da Obsessão – Divaldo P. Franco/Miranda M.P. Livraria Espírita Alvorada Editora. 2001.

Tramas do Destino – Divaldo P. Franco/Miranda M.P. – FEB. 1975.

Trilhas da Libertação – Divaldo P. Franco/Miranda M.P. – FEB. 1996.

Triunfo Pessoal – Divaldo P. Franco/Joanna de Ângelis. Livraria Espírita Alvorada Editora. 2002.

Vida: Desafios e Soluções – Divaldo P. Franco/Joanna de Ângelis. Livraria Espírita Alvorada Editora. 1997.

Vitória sobre a Depressão – Divaldo P. Franco/Joanna de Ângelis. Livraria Espírita Alvorada Editora. 2010.

Help! - me eduque
Rossandro Klinjey

O psicólogo clínico, Rossandro Klinjey, traz nesta fantástica obra sua ampla experiência, para entendermos por que os pais, apesar de amarem profundamente seus filhos, não estão conseguindo torná-los pessoas mais capazes, felizes e equilibradas. Uma leitura indispensável para todos aqueles que possuem a desafiadora tarefa de educar.

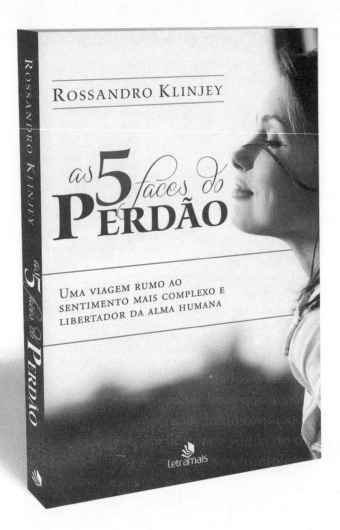

As 5 faces do perdão
Rossandro Klinjey

Rossandro Klinjey narra cinco casos reais de pessoas que tiveram a alegria de passar em revista de si mesmas, atravessaram seus desertos interiores e acessaram a gema preciosa da conciliação consigo mesmas.

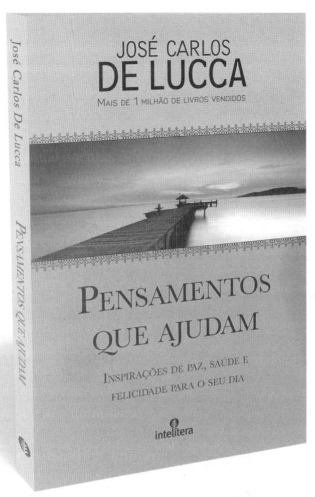

Pensamentos que ajudam
José Carlos De Lucca

Este livro nos ajuda a viver mais conectados com o que somos, a lidar com as nossas fragilidades e os nossos conflitos de forma mais produtiva e a fazer do planeta o reflexo do mundo de paz, harmonia, amor e compreensão que passaremos a construir **dentro de nós!**

Para receber informações sobre os lançamentos da
INTELÍTERA EDITORA,
cadastre-se no site

Para saber mais sobre nossos títulos e autores, bem como
enviar seus comentários sobre este livro, mande e-mail para

Conheça mais a Intelítera

- youtube.com/inteliteraeditora
- facebook.com/intelitera
- www.instagram.com/intelitera
- soundcloud.com/intelitera